ପ୍ରଥମ ଅର୍ଘ୍ୟ

ଡ. ଜୟଶ୍ରୀ ନନ୍ଦ

VIDYA
PUBLISHING INC.

ବିଦ୍ୟା ପବ୍ଲିଶିଙ୍ଗ
ଟରୋଣ୍ଟୋ, କାନାଡ଼ା ॥ ଭୁବନେଶ୍ୱର, ଓଡ଼ିଶା

ପ୍ରଥମ ଅର୍ଘ୍ୟ
(ଭକ୍ତି କବିତା ସଙ୍କଳନ)
ଲେଖିକା: ଡ. ଜୟଶ୍ରୀ ନନ୍ଦ
ପ୍ରଥମ ସଂସ୍କରଣ: ମହାଳୟା, ଅକ୍ଟୋବର ୨୦୨୧
ପ୍ରକାଶକ: ବିଦ୍ୟା ପବ୍ଲିଶିଙ୍ଗ୍ ଇଙ୍କ୍, ଟରୋଣ୍ଟୋ, କାନାଡ଼ା

ISBN : 978-1-990-494-04-8

Prathama Arghya
(Devotional poems by Dr. Jayashree Nanda)

Copyright © 2021 by Dr. Jayashree Nanda

All rights reserved. No part of this book may be reproduced in any form by any electronic, mechanical, photocopying, recording means or otherwise, including information storage and retrieval systems, without permission in writing from the publisher, except in the case of brief quotations embodied in critical articles and reviews.

First Edition : Mahalaya, October 2021

Published by
Vidya Publishing Inc., Toronto, Canada
www.vidyapublishing.com
Email: vidyapublishinginc@gmail.com

Odisha Contact
Print Ad B-49, Saheed Nagar, Bhubaneswar-751007

କରିକରାଉ ଥାଉ ତୁହି
ତୋ ବିନୁ ଅନ୍ୟ ଗତି ନାହିଁ ।
ସବୁ ସେହି ବିଶ୍ୱନିୟନ୍ତା ଶ୍ରୀଜଗନ୍ନାଥଙ୍କ ଇଛାରେ ।

କଳାସାଆନ୍ତଙ୍କ ନାମକୁ ସ୍ମରଣ କରି, ତାଙ୍କ ସହ ମୋର
ଭାବ, ଭକ୍ତି ଓ ସମର୍ପଣକୁ ନେଇ ଲିଖିତ ମୋର ଏଇ କବିତାଞ୍ଜଳି
"ପ୍ରଥମ ଅର୍ଘ୍ୟ"
ତାଙ୍କରି ଦିବ୍ୟ ପାଦପଙ୍କଜରେ ଅର୍ପଣ କରୁଛି ।

ଜୟଶ୍ରୀ

ଅନ୍ତରର ଦୁଇପଦ

ମୋ ବାପା ଶ୍ରୀଜଗନ୍ନାଥଙ୍କୁ ସଦା ସର୍ବଦା ଭକ୍ତି କରୁଥିବା ମଣିଷ ଜଣେ । ପିଲାବେଳୁ ଦେଖିଛି, ସକାଳ ହେଲେ ମୋ ବାପା ଶେଯରୁ ଉଠି ପ୍ରଥମେ ଜଗନ୍ନାଥଙ୍କ ଫଟୋକୁ ଚାହିଁ ନମସ୍କାର କରନ୍ତି ଆଉ ଶେଯକୁ ଯିବା ଆଗରୁ ବି ନମସ୍କାର କରନ୍ତି । କଥା କଥାରେ ବାପା କହନ୍ତି ସେ ଜଗନ୍ନାଥ ସବୁ କରନ୍ତି, ତାଙ୍କରି ଇଚ୍ଛାରେ ଏ ଦୁନିଆରେ ସବୁ ଲୀଳାଖେଳା ହୁଏ ।

ଏହି ଦିବ୍ୟ ଜଗନ୍ନାଥ ନାମଟି ମୋତେ ଶିଶୁଟିଏ ବେଳୁ ମୋ ବାପା (ଶ୍ରୀଯୁକ୍ତ ତପନ କୁମାର ପଣ୍ଡା) ଶିଖାଇଥିଲେ । ଆଉ ମୋର ଶ୍ରଦ୍ଧାଭାବ, ବିଶ୍ୱାସ ସବୁ ଧିରେ ଧିରେ ବଢ଼ିଲା ଜଗାକାଳିଆଙ୍କ ପତ୍ରି ଯେମିତି ମୁଁ ତାଙ୍କର ଚରଣାଶ୍ରିତ । ବାପାଙ୍କଠୁ ଗପ ମାଧ୍ୟମରେ ଅନେକ କଥା ଶ୍ରୀମନ୍ଦିର, ଶ୍ରୀକ୍ଷେତ୍ର, ଜଗନ୍ନାଥଙ୍କ ବିଷୟରେ ଶୁଣିଛି । ଥରେ କୌଣସି ଏକ କଥାକୁ ନେଇ ମୁଁ ଭୟଭୀତ ହେଲି । ବାପା କହିଲେ ମୁଁ କ'ଣ ସବୁବେଳେ ତୋ ପାଖରେ ଥିବି ? କଳାସାଆନ୍ତଙ୍କୁ ନିଜର ବୋଲି ଭାବିଲେ ସେ ସବୁବେଳେ ତୋ ପାଖେ ପାଖେ ଥିବେ । ସେଦିନରୁ ଆହୁରି ମୁଁ ସମର୍ପିତ ହେଲି ମଣିମାଙ୍କ ପାଦପଦ୍ମରେ । କବିତା ଲେଖିବା ପିଲା ବେଳୁ ମୋର ଗୋଟିଏ ଅଭ୍ୟାସ ଥିଲା । ଅନେକ ଖବର କାଗଜରେ ବି ପ୍ରକାଶିତ ହେଉଥିଲା । ଅନେକ କବିତା ଲେଖିଛି ଶିଶୁକବିତା, ପ୍ରେମକବିତା, ପ୍ରକୃତି ଉପରେ କବିତା ଆଦି ଭିନ୍ନ ଭିନ୍ନ ସମୟରେ ଭିନ୍ନ ବିଷୟକୁ ନେଇ । ୨୦୦୩ ମସିହା ଫେବୃୟାରୀ ମାସରେ ବାହାଘର ଉତ୍ସବ ଆଦିରେ କବିତା ଲେଖି ମାଗାଜିନ୍‌କୁ ପଠାଏ ଓ ଷ୍ଟେଜ୍‌ରେ ପ୍ରତିବର୍ଷ କବିତା ଆବୃତ୍ତି କରେ । ଲୋକମାନଙ୍କୁ ବି ମୋର କବିତା ଭଲଲାଗେ । ଆଦର ପ୍ରଶଂସା ବି ମିଳେ । ତେଣୁ ଖୁବ୍ କ୍ୱଚିତ୍ ଲେଖିଲେ ବି କେବେ ବି କବିତା ଲେଖା ଛାଡ଼ି ନଥାଏ । ୨୦୧୮ କଥା, ଅନେକ ଥର ଶ୍ରୀଜଗନ୍ନାଥଙ୍କ ସହ ମୋ ମନର ଭାବକୁ କବିତାରେ ଲେଖି ସେୟାର କରିଥିଲି । ଅନେକ ପାଠକ ପାଠିକା ସେ ଲେଖାକୁ ଉଚ୍ଚ ପ୍ରଶଂସା କରିଥିଲେ । ମେ ୧, ୨୦୧୮ରୁ ପ୍ରତିଦିନ ଗୋଟେ ପଦ ହେଉ ପଛେ ଜଗନ୍ନାଥଙ୍କ ପାଇଁ ଲେଖେ ଆଉ ସାଙ୍ଗସାଥି, ପାଠକ ପାଠିକାଙ୍କ ସହ ଫେସ୍‌ବୁକ୍‌ରେ ସେୟାର କରେ । ଯେମିତି ଦିନେ ନ ଦେଖିଲେ ମୋତେ ବ୍ୟସ୍ତ ଲାଗେ । ଅଦ୍ୟାବଧି ପ୍ରତିଦିନ ଲେଖୁଛି । ଏ ତ ମୋ ମନର କଥା, ହେଲେ କରି କରାଉ ଥାଆନ୍ତି ସେଇ ଜଗନ୍ନାଥ, ତାଙ୍କରି ଆଦେଶରେ ତ କେବଳ ଲେଖିହୁଏ, ଏ ମୋର ଦୃଢ଼ ବିଶ୍ୱାସ ।

ବାହା ହୋଇ ଆସିବାର ୫ ବର୍ଷ ଆଗରୁ ମୋ ଶାଶୁଙ୍କର (ଶ୍ରୀମତୀ ଭଗବତୀ ନନ୍ଦ) ସ୍ୱର୍ଗବାସ ହୋଇଥାଏ । ଥରେ ମୋ ସ୍ୱାମୀଙ୍କୁ (ଇଂ ରଶ୍ମୀକାନ୍ତ ନନ୍ଦ) ପଚାରିଲି

ବୋଉ ଥିଲେ ମୋ ଲେଖା ଲେଖି ପଢ଼ି ଖୁସି ହେଉଥାନ୍ତେ କି ନାହିଁ? ମୋ ସ୍ୱାମୀ କହିଲେ, ବୋଉ ଥିଲେ "ବହିଟିଏ ଛପାଇବା" ପାଇଁ ପ୍ରଥମେ କହିଥାନ୍ତା । ତେଣୁ ସେ ଦିନରୁ ମନରେ ଥିଲା ବହିଟିଏ ଛପାଇବି ଓ ମୋ ଶାଶୁଙ୍କର ଇଚ୍ଛାଟି ନିଶ୍ଚେ ପୂରଣ କରିବି ।

ହେଲେ ପୁଣି ସେଇ ଜଗନ୍ନାଥଙ୍କ ଆଶୀର୍ବାଦରୁ ଆଉ ଦୁଇଜଣ ଜଗନ୍ନାଥଙ୍କ ଦୂତ ସାଜି ଏ ଇଚ୍ଛାକୁ ରୂପ ଦେବାକୁ ଆସିଲେ । ମୋର ଅଗ୍ରଜ ତୁଲ୍ୟ ଡ. ତନ୍ମୟ ପଣ୍ଡା ଓ ଭାଉଜ ଡ. ସୁନନ୍ଦା ମିଶ୍ର ପଣ୍ଡା । ତାଙ୍କର ପିତା ଶ୍ରୀଯୁକ୍ତ ପୀତାମ୍ବର ମିଶ୍ରଙ୍କ ଦ୍ୱାରା ପ୍ରତିଷ୍ଠିତ ସୁବିଖ୍ୟାତ ପ୍ରକାଶନ ସଂସ୍ଥା "ବିଦ୍ୟାପୁରୀ" କଟକର ଏକ ଆନ୍ତର୍ଜାତୀୟ ସଂସ୍ଥା "ବିଦ୍ୟା ପବ୍ଲିଶିଙ୍ଗ" ସେ ଆରମ୍ଭ କରିଛନ୍ତି କାନାଡ଼ାରେ । ତାଙ୍କ ସହ କଥା ହେବାରୁ ସେ ଖୁବ୍ ଉତ୍ସାହ ଓ ପ୍ରେରଣା ଯୋଗାଇ ଓ ତାଙ୍କର ବହୁମୂଲ୍ୟ ସମୟ ଦେଇ ଶ୍ରୀଜଗନ୍ନାଥଙ୍କୁ ଭାବଭକ୍ତିର ନୈବେଦ୍ୟ ଏ ସୁନ୍ଦର "ପ୍ରଥମ ଅର୍ଘ୍ୟ" ବହିଟିକୁ ଲୋକ ଲୋଚନକୁ ଆଣିଲେ ।

ଏଇ କଳାସାଆନ୍ତଙ୍କ ପାଇଁ ଲେଖିଥିବା କବିତା ପୁଷ୍ପର ସମାହାରକୁ ନେଇ ଏ କବିତା ଗୁଚ୍ଛ ପ୍ରଥମ ଅର୍ଘ୍ୟ ହୋଇ ପାଠକମାନଙ୍କ ପାଖେ ଆଦୃତ ହେଉ, ଏତିକି କାଳିଆ ପାଖେ ନିବେଦନ ।

ଶ୍ରୀଜଗନ୍ନାଥଙ୍କ ଚରଣାଶ୍ରିତା

ଜୟଶ୍ରୀ

ସୂଚୀପତ୍ର

୧ । ଅର୍ପଣ	ମେ ୨୦୧୮	॥ ୧-୧୮
୨ । ଭକ୍ତିପୁଷ୍ପ	ଜୁନ୍ ୨୦୧୮	॥ ୧୯-୩୬
୩ । ଅଞ୍ଜଳି	ଜୁଲାଇ ୨୦୧୮	॥ ୩୭-୫୭
୪ । ପ୍ରାର୍ଥନା	ଅଗଷ୍ଟ ୨୦୧୮	॥ ୫୮-୬୮
୫ । ନୈବେଦ୍ୟ	ସେପ୍ଟେମ୍ବର ୨୦୧୮	॥ ୬୯-୮୬
୬ । ନିର୍ମାଲ୍ୟ	ଅକ୍ଟୋବର ୨୦୧୮	॥ ୮୭-୧୦୧
୭ । କୈବଲ୍ୟ	ନଭେମ୍ବର ୨୦୧୮	॥ ୧୦୨-୧୧୩
୮ । ସମର୍ପଣ	ଡିସେମ୍ବର ୨୦୧୮	॥ ୧୧୪-୧୨୨

ଅର୍ପଣ

ମଇ ୨୦୧୮

୦୧ ମଇ ୨୦୧୮

ଅନାଥର ନାମ ଅନାଦି ଅନନ୍ତ
ଏତିକି କୃପା ଯେ ଥାଉ
ଦୁଃଖ ଦେଲେ ଦିଅ ସଖା ହୋଇ ରୁଅ
ମଥା ତୁମ ପାଦେ ରହୁ ।

୦୨ ମଇ ୨୦୧୮

ଅଭାବୀ ବୋଲଇ ସଂସାର ମୋତେ ଯେ
ତୋ ଭାବରେ ଭାବି ହୋଇ
ତୋ ସାଙ୍ଗରେ ଭାବ ଥାଉ ଦୟାମୟ
ଏଇ ଅଳି ଭାବଗ୍ରାହୀ

୦୩ ମଇ ୨୦୧୮

ଭକ୍ତ ପ୍ରହଲ୍ଲାଦ ତୁମ ନାମ ଜପି
ପିତାର ବଇରୀ ହେଲେ
ବିଭୀଷଣ ତୁମ ଶରଣରେ ରହି
ଭ୍ରାତାକୁ ତ୍ୟଜିଣ ଥିଲେ ।
ତୁମ ନାମ ଜପ ତୁମ ନାମେ ସତ୍ୟ
ତୁମେ ଯେ ଅମୃତ ଧାର
ତୁମେ ମୋର ପିତା ତୁମେ ମୋର ମାତା
ତୁମେ ସଖା ସହୋଦର ।

୦୪ ମଇ ୨୦୧୮

ହାତ ଗୋଡ଼ ନାହିଁ ଜଗତ ଚଳାଉ
ଜଗତର ନାଥ ହୋଇ
ହଟିଆ କାଳିଆ କେତେ ନାଟ କରୁ
ଜଗତ ଉଦ୍ଧାର ପାଇଁ ।

ଭକତ ହାତରୁ ଶାଗଭଜା ଖାଉ
ଭକତର ବନ୍ଧୁ ହୋଇ
ଗଉଡୁଣୀ ହାତେ ପିଇଥିଲୁ ଦହି
ରତ୍ନମୁଦି ବନ୍ଧାଦେଇ ।
ମୁଁ କି ନୁହେଁ ତୋର ଭକତରେ ଗଣା
ତୋତେ ପରଶିବା ପାଇଁ
ଏ ମନ ହୃଦୟ ସବୁ ତୋର ଦାନ
କି ଦେଇ ପୂଜିବି ମୁହିଁ ।

୦୫ ମଇ ୨୦୧୮

ତୁ ପରା ବୋଲାଉ ଜଗତ ଠାକୁର
ଜଗତର ସ୍ରଷ୍ଟା ତୁହି
ବିଶାଳ ସଂସାର ତୋ ହାତର ଖେଳ
ବଖାଣି ପାରେ କି ମୁହିଁ ।
ଜ୍ଞାନୀ କିବା ମୂଢ଼ ଜୀବ କିବା ଜଡ଼
ଯା ଆଜ୍ଞାରେ ମଳୟ ବହେ
ଚନ୍ଦନରେ ବାସ ଫୁଲରେ ସୁବାସ
ତୋ ମହିମା ସବୁ ହିଁ ଗାଏ ।

୦୬ ମଇ ୨୦୧୮

ତୋ ସାଙ୍ଗରେ ଭାବ କରିଛି ବୋଲିରେ
ଅନେକ ଅଭାବ ମୋର
ତୋତେ ଆପଣାର ମାନିଛି ବୋଲି ମୁଁ
ସମସ୍ତେ ହୋଇଲେ ପର ।
ଜୀବ ଥିବା ଯାଏ ତୋହର ନାମଟି
ତୁଣ୍ଡ ମୋର ଜପୁ ଥାଉ
ଅନାଥର ନାଥ ଜଗନ୍ନାଥ ବୋଲି
ତୋ ଚରଣେ ଆଶ୍ରା ଥାଉ ।

୦୭ ମଇ ୨୦୧୮

ଛପନ ଭୋଗରେ	ଲୋଭ ନାହିଁ ମୋର
	ନା ଲୋଭେ ରତ୍ନପଲଙ୍କ
ତୋ ଛଡ଼ା ତୁଳସୀ	ଟଙ୍କ ତୋରାଣୀରେ
	ମେଣ୍ଟିଯାଏ ମୋର ଭୋକ ।
ଆଖି ମୋର ଦେଖୁ	ତୋ ଦିବ୍ୟ ମୂରତି
	ତୁଣ୍ଡରେ ତୋ ନାମ ଥାଉ
ଦୁଇ ହାତ ମୋର	ଅହରହ ତୋର
	ସେବାରେ ଯେ ଲାଗି ରହୁ ।

୦୮ ମଇ ୨୦୧୮

ସାରା ବ୍ରହ୍ମାଣ୍ଡର	କରତା ହୋଇବି
	ଭକତର ଗାଳି ସହୁ
ଅଭାବ ତୋତେ କି	ଷାଠିଏ ପଉଟି
	ଶବରୀ ଅଇଁଠା ଖାଉ ।
ସବୁ କରୁ ପୁଣି	କରାଉ ଥାଉ ଯେ
	ହାତ ଗୋଡ଼ ତୋର ନାହିଁ
ତୋ ପରି ଏମିତି	ଅଛି କେ ଜଗତେ
	ଗାଳି ଖାଇ ହସୁଥାଇ ।
ଅଭିମାନୀ ହୋଇ	ଅଭିମାନ କରି
	ଗାଳି କେବେ ଦେଉଥାଏ
କେବେ ପୁଣି ଆଶା	ଛାଡ଼ି ତୋ ଉପରୁ
	ମୁହଁ ମୁଁ ବୁଲାଇ ନିଏ ।
ମନୁଆ କାଳିଆ	କେତେ ଛନ୍ଦ କରି
	ମନ ତୁ ଯେ ମୋହି ନେଉ
ନିଜ ବୋଲି ତୁହି	ଏକାରେ କାଳିଆ
	ତୋ ଚରଣେ ଆଶ୍ରା ଥାଉ ।

୦୯ ମଇ ୨୦୧୮

ଚକା ଆଖି ଦୁଇ ପତା ପଡ଼େ ନାହିଁ
ଅବିରତ ଥାଉ ଚାହିଁ
ଜଗତ ଜଞ୍ଜାଳ ଦୁଃଖିରଖିଙ୍କର
ଦୁଃଖକୁ ବୁଝିବା ପାଇଁ
ଦୁବ ଠାରୁ ଦାରୁ ତୋ ଆଜ୍ଞା ନହେଲେ
କେ ହଲି ପାରଇ ଆଉ
ନାହିଁ ହାତଗୋଡ଼ କେମିତି କାଳିଆ
ବ୍ରହ୍ମାଣ୍ଡ ଚଳାଉ ଥାଉ ।

୧୦ ମଇ ୨୦୧୮

ଜାଣିଛି ସଂସାର ମାୟା ମୃଗୁଣୀଟେ
ମାୟା ମୋହ ନେଇ ତା' ପଛରେ ଧାଏଁ
ଥକି ପୁଣି ତୁଣ୍ଡ ତୁମ ନାମ ଗାଏ
ମୋ ସଂସାର ରଥ ଚଳାଇ ନିଅ ହେ ।
ମନ ମୋର ସଦା ତୋର ପାଦେ ଥାଉ
ଅବିରତ ହସ୍ତ କର୍ମ କରୁଥାଉ ।
ତୁମରି ଆଶିଷ କରୁଣା ଯେ ହେଉ
ଅନାଥର ନାଥ ଆହେ ମହାବାହୁ ।

୧୧ ମଇ ୨୦୧୮

ପର ଦୁଃଖେ ସଦା ଦୁଃଖି ହେଉଥାଏ
ବଢ଼ାଏ ସାହାଯ୍ୟ ହାତ
ମିଠା କଥା ସଦା ମୋ ଅଧରେ ଥାଉ
ନ ଦିଏ କା ମନେ କଷ୍ଟ ।
କାହାର ନିନ୍ଦା ବା କା ସାଥେ କପଟ
କେବେ ନ ଆସୁ ମୋ ମନେ
ଆହେ ମହାବାହୁ ତୁମର ମୂରତି
ରହୁ ହୃଦୟ ଆସନେ ।

୧୨ ମଇ ୨୦୧୮

ଦେଖିବାକୁ ତୋତେ ମନରେ ଶରଧା
ଯାଇ ମୁଁ ପାରୁନି ପୁରୀ
ଦରଶନ ତୋର ଇଚ୍ଛଇ ଅନ୍ତର
କରେ ଏତିକି ଗୁହାରି ।
ବଡ଼ଦାଣ୍ଡ ଧୂଳି ମଥାରେ ମୁଁ ବୋଳି
ତୋ ବଡ଼ଦାଣ୍ଡେ ଚାଲିବି
ଗରୁଡ଼ ସ୍ତମ୍ଭରେ ମୁଣ୍ଡିଆଟି ମାରି
ବାଇଶି ପାହାଚେ ଯିବି ।
କାଳିଆରେ କେବେ ଲାଗିବ ତୋ ଡୋରି
ଯିବି ମୁଁ ତୋ ଶ୍ରୀମନ୍ଦିର
ତୋ ଦିବ୍ୟ ଦର୍ଶନ ଲଭିବି କାଳିଆ
ମନ ମୋର ଉଜାଗର ।

୧୩ ମଇ ୨୦୧୮

କେତେ ହରାଇଛି କେତେ ମୁଁ ପାଇଛି
ହିସାବ ମୋ ପାଶେ ନାହିଁ
କାହିଁକି ହିସାବ କରିବି କହତୁ
କରି କରାଉ ଯେ ତୁହି ।
ସମର୍ପି ଦେଇଛି ମୋ ହସ ମୋ ଲୁହ
ସବୁ ତୋର ଚରଣରେ
ସାହା ମୋର ଯଦି କାଳିଆ ସାଆନ୍ତ
କାହିଁ ଅନ୍ୟେ ଆଶ୍ରା କରେ ।

୧୪ ମଇ ୨୦୧୮

ନୀଳାଚଳିଆ ତୁ ନୀଳାଚଳ ଧାମେ
ବସିଛୁ ମଉନ ହୋଇ
ବଡ଼ଖିଆ ସତେ ଥକି ପଡ଼ିଲୁକି
ଷାଠିଏ ପଉଟି ଖାଇ ।

ଷାଠିଏ ପଉଟି ପରଶିବା ପାଇଁ
ଶକତି ନାହିଁ ତ ମୋର
କେମିତି ପୂଜିବି କହରେ କାଳିଆ
ତୋହରି ପାଦ ପୟର ।
ଧନ ଅବା ମାନ ଯାହା ଉପାର୍ଜନ
ସବୁତ ତୋହରି ଦାନ
ଦାତାର ଦାନକୁ ଦାତାକୁ ଅର୍ପିଲେ
ହେବ ସିନା ଅପମାନ ।

୧୫ ମଇ ୨୦୧୮

ଯେତିକି ଦେଇଛୁ ସେତିକିରେ ଖୁସି
ଯାହାବି ଦେଇଛୁ ମୋତେ
ପାଞ୍ଚ ଫୁଟ ଜାଗା ମୋ ପାଇଁ ବହୁତ
ଲୋଡ଼େନି ଅଧିକ ହାତେ ।
ଜୀବ ଯିବା ବେଳେ ତୋ ଛଡ଼ା ତୁଳସୀ
ନିର୍ମାଲ୍ୟ ତୁଣ୍ଡରେ ଥାଉ
ଆଖି ଦୁଇ ମୋର ବୁଜିବା ଆଗରୁ
ତୋର ଦରଶନ ପାଉ ।

୧୬ ମଇ ୨୦୧୮

କେଉଁ ଫୁଲ ଅବା ସୁନ୍ଦର ଗଢ଼ିଛ
କେଉଁ ଫୁଲରେ ସୁଗନ୍ଧ
କାହାକୁ ଦେଇଛ ଦିବ୍ୟ ଚକ୍ଷୁ ଅବା
କାହାକୁ କରିଛ ଅନ୍ଧ ।
କାହା ପାଇଁ ପୁଣି ଧନ ମାନ ଯଶ
କାହାକୁ ନିନ୍ଦା ଯାତନା
କାହା ଘର ପୁଣି ଧନରେ ଭରିଛ
ଜନରେ କରିଛ ଊଣା ।
କା ଦେହେ ଭରିଛ ଶତ ସିଂହ ବଳ
କିଏ ଯେ ଅତି ନିର୍ବଳ

କୋଇଲି କଣ୍ଠରେ   କୁହୁତାନ ଦେଇ
କଳାଟିକୁ ବୋଲିଦେଇ ।
ଏମିତି ସାଆନ୍ତ   ସେ ମୋ ଜଗନ୍ନାଥ
କପଟିଆ ମହାବାହୁ
ସମସ୍ତେ ଅପୂର୍ଣ୍ଣ   ତୁମେ ପରିପୂର୍ଣ୍ଣ
ସେ ଲାଗି ପ୍ରଭୁ ବୋଲାଉ ।

୧୭ ମଇ ୨୦୧୮

ସଭିଏଁ ବୋଲନ୍ତି   ନିଜ ବଡ଼ପଣ
ନିଜର ଗାରିମା ବସି
ରତ୍ନ ସିଂହାସନୁ   ସବୁ ଦେଖୁଥାଉ
ମୁରୁକି ମୁରୁକି ହସି ।
କିଏ ସେ ଦେଖାଏ   ଧନ ବଳ ପୁଣି
କେ ଦେଖାଏ ରୂପ ବଳ
କାହା ପାଖେ ଯଶ   ଐଶ୍ୱର୍ଯ୍ୟ ଯେ ଭରା
କା ପାଖେ କୁଟୁମ୍ବ ମାଳ ।
କାହା ପାଖେ ଏତେ   ଧନ ଅଛି ସତେ
ନିଶ୍ୱାସଟେ କିଣିବାକୁ
କିଏ ଏତେ ଜ୍ଞାନୀ   ଦୁନିଆରେ ଅଛି
ଭବିଷ୍ୟତ ଲେଖିବାକୁ ।
ଆଜି ଯିଏ ଧନୀ   କାଲିକି ଭିକାରୀ
ସମୟ ଯେ ବଳବାନ
ଧନ ଜନ ରୂପ   ଐଶ୍ୱର୍ଯ୍ୟ ସବୁ ଯେ
ବଦଳାଏ ତାର ସ୍ଥାନ ।
ଏକା ତୁହି ଅଟୁ   କାଳିଆ ସାଆନ୍ତ
ତୁ ଅଟୁ ସର୍ବ ସମ୍ପୂର୍ଣ୍ଣ
ତୋ ପାଦରେ ମୁଁ ଯେ ସମର୍ପିତ ରହେ
ଏତିକି ମୋ ନିବେଦନ ।

୮ | ଡ. ଜୟଶ୍ରୀ ନନ୍ଦ

୧୮ ମଇ ୨୦୧୮

ଜଗତ ଜଞ୍ଜାଳ ବହୁରେ କାଳିଆ
ଭକତ ଜଞ୍ଜାଳ ସହୁ
ସଂସାର ଜଞ୍ଜାଳ ସହୁରେ କାଳିଆ
ସେପାଇଁ ବଡ଼ ବୋଲାଉ ।
କେବେ ଦିଅଁ ହୋଇ ରହିଥାଉ ସାଥେ
କେବେ ଦୂତ ପଣେ ଯାଉ
ଭକତର ହିତ ପାଇଁକି କାଳିଆ
କେତେ ଅବତାର ନେଉ ।
ଛୋଟ ବଡ଼ ଭାବ ରଖିବୁନି ବୋଲି
ଭକତ ତୋ ସାଲବେଗ
ଉଚ୍ଚ ନୀଚ ଭାବ ନ ରଖିବା ପାଇଁ
ଖାଇଲୁ ଦାସିଆ ଭୋଗ ।
ସେଥିପାଇଁ ତୁ ଯେ ଭକତର ବନ୍ଧୁ
ଭକତ ତୋ ପାଖେ ଆଗ
ଭକତ ବିଦୁର ତୋ ଭକ୍ତି ବିହ୍ଵଳ
ତା ଘରେ ଖାଇଲୁ ଶାଗ ।
କିଏ କହେ ତୁହି ଭକତର ବନ୍ଧୁ
କିଏ କହେ ଦୀନବନ୍ଧୁ
କିଏ ଅବା କହେ ଜଗତର ବନ୍ଧୁ
ମୋ ପାଇଁ ତୁ କୃପାସିନ୍ଧୁ ।

୧୯ ମଇ ୨୦୧୮

ଭାବର ଠାକୁର ଭାବ ବିନୋଦିଆ
କି ସୁନ୍ଦର ଭାବମୂର୍ତ୍ତି
ଭାବକୁ ନିକଟ ଅଭାବକୁ ଦୂର
ତୁହି ଅଗତିର ଗତି ।
ଭାବ ଭକତିରେ ଭାଙ୍ଗେ ତୋ ମଉନ
ଭରି ଦେଉ ତୋ କରୁଣା

ଭକତର ବନ୍ଧୁ ଭକତିରେ ବନ୍ଧା
ତିନି ଭୁବନେ ବାଳଣା ।
ଭକତର ଗତି ଭକ୍ତର ସମ୍ପତ୍ତି
ଭକତିରେ ଦେଖାଦେଉ
ଭାବ ଲଗାଇ ତୁ ଭକତ ଆଗରେ
ଭକତିରେ ହାରିଯାଉ ।
ଭୂତ ଭବିଷ୍ୟତ ଯାହା ଭବିତବ୍ୟ
ଭକତର ଭାଗ୍ୟ ହୋଇ
ଭୂତଳ ଆକାଶ ସବୁଥିରେ ବାସ
ଭାଗ୍ୟ ବିଧାତା ଯେ ତୁହି ।
ଭାବ ଡୋରି ତୋର ବଢ଼ାଇ ଦେଏରେ
ତୋ ଭାବେ ରଙ୍ଗେଇ ଦେ
ଭାବନା ଭକତି ଶକତି ମୁକତି
ତୋ ଭାବରେ ଭରିଦେ ।

୨୦ ମଇ ୨୦୧୮

କେବେ କିଛି ତୋତେ ମାଗିନି କାଳିଆ
ମାଗିବି ନାହିଁ ମୁଁ ତୋତେ
ଏତିକି ଜାଣିଛି ଯାହା ଦରକାର
ଅଜାଡ଼ି ଦେଇଛୁ ମୋତେ ।
ଯେତିକି ମୋ ହାତେ ସମ୍ଭାଳି ପାରିବି
ସେତିକି ଦେଏ ତୁ ମୋତେ
ଅଧିକ ମୋହର ପ୍ରୟୋଜନ ନାହିଁ
ତୁ ଯେବେ ଅଛୁ ମୋ ସାଥେ ।
ସନ୍ଧ୍ୟା ସକାଳରେ ଆରତି ବେଳରେ
ହାତ ତୋତେ ଯୋଡ଼ିଥାଏ
ସୁଖ ଦୁଃଖ ଅବା ହେଉ ଭଲମନ୍ଦ
ସବୁ ତୋତେ ଅର୍ପିଦିଏ ।

୨୧ ମଇ ୨୦୧୮

ସୁଖ ଦୁଃଖ ଖରା ଛାଇ ଏ ଜୀବନ
କିଛି ହସ କିଛି ଲୁହ
କେବେ ଦିନ ଯାଏ ଅତି ଆନନ୍ଦରେ
କେବେ ପୁଣି ଦୁଃଖ ଭୟ ।
ଯାହା ମୁଁ ଦେଖୁଛି ସବୁତ ଅସ୍ଥାୟୀ
କାହାର ସ୍ଥାୟୀତ୍ୱ କାହିଁ
କେତେ ରାଜା କେତେ ମହାରାଜା ଥିଲେ
କେହିତ ରହିଲେ ନାହିଁ ।
ସୂର୍ଯ୍ୟ ଚନ୍ଦ୍ର ତାରା ଏ ପୃଥିବୀ ଧରା
ତୁମରି ହାତେ ଆୟତ
ଖଗ ବିହଙ୍ଗଠୁ ଜଗତ ଜୀବନ
ମଳୟର ଆତ ଯାତ ।
ତୁମେ ଚିରସତ୍ୟ ତୁମେ ହିଁ ସ୍ଥାୟିତ୍ୱ
ତୁମେ ବ୍ୟାପ୍ତ ଚରାଚର
ଏକଥା ସୁମରି ହୃଦୟେ ତୁମକୁ
ପୂଜଇ ମୁଁ ନିରନ୍ତର ।

୨୨ ମଇ ୨୦୧୮

ସୁଖରେ କେବେ ତ ଲୁହ ଝରିପଡ଼େ
ଦୁଃଖରେ ଲୁହର ଝର
ସୁଖବେଳେ ଏଠି ସବୁ ଆପଣାର
ଦୁଃଖରେ ସବୁ ଯେ ପର ।
ସୁଖର ସମୟେ ଧନ ପାଖେ ଥିଲେ
ସଭିଏଁ ତ ବନ୍ଧୁ ଭାଇ
ଦୁଃଖ ଆଗମନେ ସବୁ ଭୁଲିଯାନ୍ତି
ଯେମିତି ଚିହ୍ନନ୍ତି ନାହିଁ ।

ମିଛ ମାୟା ଭରା ଏ ସାରା ସଂସାର
କାଳିଆ ଏକା ତୁ ସାର
ଖରାଛାଇ ଭରା ଏହି ଜୀବନରେ
ତୁ ଏକ ଆଶ୍ରା ମୋହର ।

୨୩ ମଇ ୨୦୧୮

ଆହା କି ସୁନ୍ଦର ତୋ ତ୍ରିଭଙ୍ଗୀ ଠାଣି
ମନଲୋଭା ଦିବ୍ୟ ମୂର୍ତ୍ତି
ଅମୃତର ଧାର ତୋ ବଇଁଶୀସ୍ୱର
ତୁ ଯେ ଅଗତିର ଗତି ।
କଳା ରଙ୍ଗ ବହି ତୋ କଳାରେ ତୁହି
କେମିତି କିମିଆ କଲୁ
ରାଧା ମୀରା ପୁଣି ସହସ୍ର ଗୋପୀଙ୍କୁ
ତୋ ପ୍ରେମେ ବାଇଆ କଲୁ ।
କେତେ ସାଧୁ ସନ୍ଥ କେତେ ଯେ ଭକତ
ତୋହରି ଦର୍ଶନ ପାଇଁ
ସାରା ଜୀବନ ସେ ସମର୍ପିତ କଲେ
ସାନ୍ନିଧ୍ୟ ଟିକିଏ ପାଇଁ ।
ତୋ କଳାରେ ଟିକେ ରଙ୍ଗେଇ ଦେ ରେ
ଏ ମନ ଶରୀର ମୋର
ସେ କଳା ବୋଳିଦେ ମୋ ଦେହେ କାଳିଆ
ଭୁଲେ ମୁଁ ସାରା ସଂସାର ।

୨୪ ମଇ ୨୦୧୮

ଖୋଜିବା ଆଗରୁ ଲୋଡ଼ିବା ଆଗରୁ
ମନ ଜାଣିପାରୁ ସତେ
କହରେ କାଳିଆ କେମିତି କହିବି
କିଛିତ ଦେଇନୁ ମୋତେ ।

ପଡ଼ିବା ଆଗରୁ	ଧରିନେଉ ମୋତେ
	କେମିତି କେଜାଣି ତୁହି
ଦୁଃଖ ଭୟ ଆଉ	ବିପଦ ଆଗରୁ
	ଉଦ୍ଧାରୁ ହେ ଲକ୍ଷ୍ମୀସାଇଁ ।
ନଉକାଟି ମୋର	ସମୟ ନଈରେ
	ଟଳମଳ ଯେବେ ହୁଏ
ଦୁଃଖ ଓ ଭୟରେ	ମନ ମୋର ଭାରି
	ବ୍ୟସ୍ତ ଓ ଅଥୟ ହୁଏ ।
ବିଶ୍ୱାସ ଥାଇବି	ତୋ ଠାରେ କାଳି
	କାହିଁକି ମୁଁ ଡରିଯାଏ
କ୍ଷମା ସାଗର ହେ	କ୍ଷମା ଦେବୁ ମୋତେ
	ମୁଁ ଛାର ମଣିଷ ଟିଏ ।
ଜୀବନ ନଉକା	ସଂସାର ନଈରେ
	ନାଉରିଆ ଯେବେ ତୁହି
ଏତିକି ବୁଝିଛି	କାଳିଆ ସାଆନ୍ତ
	ପାର କରିଦେବୁ ନଈ ।

୨୫ ମଇ ୨୦୧୮

ସଭିଏଁ କହନ୍ତି	ଜଗତ ବାନ୍ଧବ
	ଭକତର ବନ୍ଧୁ ତୁହି
ବନ୍ଧୁ ବୋଲି ତୋତେ	ଆପଣା ଭାବିଲି
	ସଭିଏଁ ଦେଲେ ଦୂରେଇ ।
କଷଟି ପଥରେ	କଷି କଷି ମୋତେ
	ଅନେକ କଷଣ ଦେଲୁ
ମୋ କଷ୍ଟ ବେଳରେ	ମଉନ ରହି ତୁ
	କି ଅବା ଲାଭ ପାଇଲୁ ।
ଭାବ ଥିଲେ ପରା	ମାନ ଅଭିମାନ
	କରିଛି ଅବା ମୁଁ ଦୋଷ

ସଖା ହୋଇ ମୋର   ଦୋଷ ତୃଟି ପାଇଁ
ସତେ କି କରିଛୁ ରୋଷ ।
ଅଧିକାର ଥିଲେ   ଅଭିମାନ ଥାଏ
ମନରେ ଉଣା ଅଧିକ
ତୋତେ ମୁଁ ଆପଣା   ଭାବିଛି ବୋଲି ତ
ବଖାଣି ଦେଲି ମୋ ଦୁଃଖ ।
କାଳିଆ ତୁ ମୋର   ସଖା ବୋଲି ସିନା
ମୋ ଅଳି ଅର୍ଦ୍ଦଳି ସହୁ ।
ତୋର ନାମ ଧରି   ତୋର ଗାନ କରି
ଏ ଜୀବନ ମୋର ଯାଉ ।

୨୬ ମଇ ୨୦୧୮

ସଂସାର ଜଞ୍ଜାଳ   ଏମିତି କାଳିଆ
ପାଦେ ପାଦେ ମୁହିଁ ଝୁଣ୍ଟେ
କହିପାରେ ନାହିଁ   ସହି ବି ପାରେନି
ତୋ ସାଥେ ଖାଲି ମୁଁ ବାଣ୍ଟେ ।
ଅତି କଷ୍ଟ ହେଲେ   ଅନ୍ତର କାନ୍ଦିଲେ
ତୋ ଚକା ଆଖିକୁ ଦେଖେ
ବହିଯାଏ କେତେ   ଲୁହ ମୋ ଆଖିରୁ
ଦେଖାଏନି କାହା ଆଗେ ।
ତୋ ଆଖିକୁ ଥରେ   ଚାହିଁଦେଲେ ପରା
ହଜିଯାଏ ସବୁ ଦୁଃଖ
ଏମିତି ତୋହର   ସୁନ୍ଦର ସେ ହସ
ଧୋଇନିଏ ମୋର ଶୋକ ।

୨୭ ମଇ ୨୦୧୮

କାଳିଆରେ ତୋର   ଏତିକି କରୁଣା
ମୋ ଉପରେ ସଦା ରହୁ ।
କାହାଠୁ କିଛି ମୁଁ   ଆଶା ଯେ ନ କରେ
ତୋ ଠାରେ ବିଶ୍ୱାସ ଥାଉ ।

ମୋ ଛୋଟ ହାତରେ ଶକ୍ତି ଦେଇଥାଅ
ସଦା କର୍ମ କରୁଥାଉ
ଯେତେ ନିନ୍ଦା ଭୟ କଷ୍ଟ ଆସିଲେ ବି
ଅନ୍ତର ମୋ ସହିଯାଉ ।
ପର ହେଉ ଅବା ଆପଣାର କେହି
ନ କରେ ବାଛ ବିଚାର
ସମସ୍ତଙ୍କ ପାଇଁ ମନରେ ମୋହର
ରହୁ ସମ ବ୍ୟବହାର ।
ଯେତିକି ସମ୍ଭବ କର୍ତ୍ତବ୍ୟରେ ମୋର
କଦାପି ହେଳା ନ କରେ
ପର ହେଉ ଅବା ହେଉ ଆପଣାର
କାହାଠୁ ଆଶା ନକରେ ।
ସମର୍ପି ଦିଏ ମୋ ଅନ୍ତର ବେଦନା
ସବୁ ତୋହରି ପୟରେ
ଦୁଃଖ କହେ ବୋଲି ମୁହଁ ମୋଡ଼ିବୁନି
ତୁ ମୋର ଆଶାବାଡ଼ିରେ ।

୨୮ ମଇ ୨୦୧୮

ଜୀବନଟା ଗୋଟେ ଛୋଟ ବାଲିଘର
ଏଇ ଅଛି ଏଇ ନାହିଁ ।
କେତେବେଳେ ପାଣି ଢେଉ ଆସିଗଲେ
ନେବ ସେ ଘର ଭସାଇ ।
କେବେ ଖରା ଟିକେ ଟାଣ ହୋଇଗଲେ
ଶୁଖି ଝଡ଼ିପଡ଼େ ବାଲି
ଝଡ଼ ପବନ ଯେ କେବେ ଆସିଗଲେ
ଉଡ଼ାଇ ନେବ ତ କାଲି ।
ନିଃଶ୍ୱାସକୁ ପରା ବିଶ୍ୱାସ ନାହିଁ
ହେ ପବନର ଆତଯାତ

ବନ୍ଦ ହୋଇଗଲେ   ଦୁନିଆ ଅନ୍ଧାର
କେ ନୁହେଁ ନିଜର ସତ ।
ମୋର ଭଲ କର୍ମ   ଦାନ ଅବା ଧର୍ମ
ତୋ କରୁଣା ଏକା ସାଥୀ
ତୁ ଏକା କାଳିଆ   ମୋ ଅତି ନିଜର
ଆପଣା କେହି ନୁହଁନ୍ତି ।

୨୯ ମଇ ୨୦୧୮

କିଏ ଦିଏ ତୋତେ   ଫୁଲ କି ଚନ୍ଦନ
କେ ଦିଏ ତୁଳସୀ ମାଳ
କେ ସଜାଏ ତୋତେ   ସୁନାରେ ରୂପାରେ
କେ ବାନ୍ଧେ ମୋତିର ଚୂଳ ।
କେ ବସାଏ ତୋତେ   ରତ୍ନ ପାଲିଙ୍କିରେ
ମୁକୁତା ଖଞ୍ଜା ମୁକୁଟ
କେ ପିନ୍ଧାଏ ପୁଣି   ହୀରାର ବଷଣୀ
ଦାମିକା ରତନ ପାଟ ।
କିଏ ଗଢ଼େ ପୁଣି   ମନ୍ଦିର ତୋ ପାଇଁ
କେ ରଖେ ପୂଜାରୀ ଘରେ
କେମିତି ରଖିବି   କହରେ କାଳିଆ
କିଛି ତ ନାହିଁ ପାଖରେ ।
ଯାହା ଥିଲା ମୋର   ସବୁତ ଦେଇଛି
ଯାହା ବି ଅଛି ପାଶରେ
ସବୁତ ତୋହର   ସର୍ଜନା କାଳିଆ
ମୁଁ ଅଟେ ତୋର ସୃଷ୍ଟିରେ ।
ହୃଦୟ ଆସନ   ତୋ ପାଇଁ କାଳିଆ
ଦେଇଛି ତୋତେ ମୋ ମନ
ମୋର ବୋଲି ଧନ   କିଛି ତ ନାହିଁରେ
ମୁଁ ନିଜେ ତୋହର ଦାନ ।

୩୦ ମଇ ୨୦୧୮

ଦୁଃଖ ନେଇ ପାଶେ ଆସିବି ବୋଲିଲେ
ଦୂର କଲୁ ଶ୍ରୀମନ୍ଦିର
ତୋ ବଡ଼ ଦାଣ୍ଡରେ ଚାଲିବା ପାଇଁରେ
କରିଦେଲୁ ସ୍ୱପ୍ନ ମୋର ।
ତେର ନଈ ସାତ ସମୁଦ୍ର ପାର ତୁ
କରାଇ ଦେଲୁରେ ମୋତେ
ଆଶା କରିଥିଲି ତୋ ମହାପ୍ରସାଦ
ନିତି ଖାଇବି ମୁଁ ହାତେ ।
ପାଶେ ଥିଲେ ତୋର ନିତି ତୋ ଦୂଆରେ
ଆସିବି ସତେ ମୁଁ ବୋଲି
ତୋ ଶରଧା ଟିକେ ପାଇବା ପାଇଁ କି
ଦୁର ତୋ ଶରଧା ବାଲି ।
ତୋ କପଟ ମାୟା ତୁହି ଜାଣୁ ଏକା
କେମିତି ଜାଣିବି ମୁହିଁ
ଏତିକି ଜାଣଇ ବିରହୀର ଭାବ
ପାଶେ ଥିଲେ ନ ଆସଇ ।
ଦୂରରେ ରହି ବି ଭାବୁଛି ଚିନ୍ତୁଛି
ପ୍ରତିକ୍ଷଣ ମୁହିଁ ତୋତେ
ଭାବ ବିନୋଦିଆ ଭାବରେ ବାନ୍ଧିଛୁ
ଦୂରେଇ ଦେଇଚୁ ମୋତେ ।
ଭାବ କରିଛି ମୁଁ ତୋ ସାଥିରେ ଯେବେ
ବିରହ ଯନ୍ତ୍ରଣା ସତ
ବିରହୀ ଜାଣଇ ସେ ଯନ୍ତ୍ରଣା ନୁହେଁ
ଅଟେ ତୋ ଭାବ ଅମୃତ ।

୩୧ ମଇ ୨୦୧୮

ଢରି କରାଇ ଥାଉ ତୁହି । ତୋ ବିନୁ ଅନ୍ୟ ଗତି ନାହିଁ ।।
ତୋ ବିନା ସବୁ ଅସମ୍ଭବ । ନ ଚଳେ ଦାରୁ କି ଦାନବ ।।
ତୁହି ଯେ ଅଗତିର ଗତି । ଜଡ଼ରେ ଭରି ଦେଉ ଶକ୍ତି ।।
ତୋ ପାଇଁ ସବୁ ଆତଯାତ । ବିଷକୁ କରୁଯେ ଅମୃତ ।।
ତୁଣ୍ଡ ମୋ ତୋର ନାମ ଗାଉ । ଉଦ୍ଧାର ମୋତେ ମହାବାହୁ ।।
ତୁ ପରା ଅଟୁ ଜଗବନ୍ଧୁ । ତୋ କୃପା ହେଉ କୃପାସନ୍ଧୁ ।।

+++

ଭକ୍ତିପୁଷ୍ପ

ଜୁନ ୨୦୧୮

୦୧ ଜୁନ ୨୦୧୮

ଇନ୍ଦ୍ରଧନୁ ସାତ   ରଙ୍ଗ ମୁଁ ଦେଖିଲି   ଦେଖିଲି ତୋ ଚକାଡୋଳା
ଅନ୍ୟ କେଉଁ ରଙ୍ଗ   ମନ ମୋହିଲାନି   ବାଇଆ କଳା ତୋ କଳା ।
ମନ ମୋହନ ତୁ   ସେ କଳାରେ ପରା   ମୋହି ନେଉ ଯାର ମନ
ରଙ୍ଗାଉ ଏମିତି   ସେ କଳାରେ ତୁହି   ଝୁରଇ ସେ ନିଶିଦିନ ।
ସେ କଳାରେ ଭିଜି   ଥିଲେ ରାଧାରାଣୀ   ପାଗଳିନୀ ହେଲେ ମୀରା
କଳା ପାଇଁ ପରା   କାଳିଆ ସାଆନ୍ତ   ଡାକଇ ଜଗତ ସାରା ।
ଯଶୋଦାର ତୁହି   କଳା ମାଣିକରେ   ନନ୍ଦଙ୍କ କଳା ରତନ
କଳା ମୋହନ ମୁଁ   ଡାକିବି କାଳିଆ   କଳାରେ ମୋହିଛୁ ମନ ।

୦୨ ଜୁନ ୨୦୧୮

ଝିଅ ବିଦା ବେଳେ   କୋହ ଭରା କଣ୍ଠେ   ବାପା କହିଥିଲେ ମୋତେ
ଜନମ ଦେଇଛି   କରମ ଦେଇନି   ତୋ ଡୋରୀ କାଳିଆ ହାତେ ।
ରାଜା ମହାରାଜା   ନୁହେଁରେ ମା ମୁଁ   ଦେଇକି ପାରଇ ସତେ
ଏତିକି ଦେଉଛି   ଜଗନ୍ନାଥ ନାମ   ବାନ୍ଧିନେ ତୋର ପଣତେ ।
ବଧୂ ସାଜି ଯେବେ   ବନ୍ଧ ମୁଁ ଡେଇଁଲି   ଆସିଲି ଶାଶୁଙ୍କ ଘର
ଶଶୁର କହିଲେ   କାଳିଆ ଲେଖିଛି   ଭାଗ୍ୟ ତ ଏଇଠି ତୋର ।
ଏଠି ବି କାଳିଆ   ସେଠି ବି କାଳିଆ   କଳା କି ବାଇଆ କଳା
ମୋ ଭାଗ୍ୟ ତା ହାତେ   କରମ ତା ହାତେ   କେମିତି କିମିଆ କଳା ।
ବୁଝି ପାରିଲିନି   ସମସ୍ତେ ଅର୍ପିଲେ   ମୋତେ ଯେ କାଳିଆ ହାତେ
ଆଜି ତ ବୁଝୁଛି   କାହିଁକି ସେମାନେ   ସମର୍ପି ଥିଲେ ଯେ ମୋତେ ।
ଆଶୀର୍ବାଦ ରୂପେ   ଗୁରୁଜନେ ମୋତେ   ଦେଲେ କାଳିଆ ତୋ ନାମ
ଆହା କି ଦୁର୍ଲଭ   ସେଇ ଆଶୀର୍ବାଦ   କିଛି ନୁହେଁ ତାର ସମ ।
ଧନ ଅବା ଜନ   ହୀରା କି ମୁକୁତା   ତୁଚ୍ଛ ତୋ ନାମ ଆଗରେ ।
ଆରମ୍ଭ ଓ ଶେଷ   ମୋ କରମ ଧର୍ମ   ସବୁ ତୋ ପାଦପଦ୍ମରେ ।

୦୩ ଜୁନ ୨୦୧୮

ବହୁମୂର୍ଖ ପୁଣି   ବୋଲାଏ ପଣ୍ଡିତ   ପଙ୍ଗୁ ଲଙ୍ଘେ ପରବତ
ତୁମ କୃପା ବଳେ   ସମୁଦ୍ରେ ଲହଡ଼ି   ପବନର ଆତ ଯାତ ।

ସୂର୍ଯ୍ୟ ଚନ୍ଦ୍ର ତାରା ଗ୍ରହ ଉପଗ୍ରହ କି ଅବା ଦିବସ ରାତି
ତୁମରି ଆଜ୍ଞାରେ ବଦଳାଉ ଥାନ୍ତି ସଭିଏଁ ନିଜର ଗତି ।
କାହାକୁ ଦେଇଛ ଅସରନ୍ତି ବଳ କାହାକୁ କରିଛ ଗୁଣୀ
ତୁମରି କରୁଣା ତୁମରି ମହିମା ଗାଇଯାନ୍ତି ଋଷି ମୁନି ।
ଏ ବିଶ୍ୱବ୍ରହ୍ମାଣ୍ଡ ତୁମରି ହାତରେ ଜଗତ ଜୀବନ ସବୁ
ତୁମରି କୋମଳ ଆଶିଷେ ସଭିଙ୍କୁ ଉଦ୍ଧାର କର ହେ ପ୍ରଭୁ ।

୦୪ ଜୁନ ୨୦୧୮

ଛପନ ଭୋଗ ମୁଁ ପରଶିବା ଲାଗି ନାହିଁ ତ ମୋ ପାଶେ ବଳ
ଆରେ କାଳିଆ ପରଶିବି ମୁହିଁ ତୋ ପ୍ରିୟ ଘିଅ ପଖାଳ ।
ତା ସଙ୍ଗେ ବାଢ଼ିବି ମୂଳା ରାଇତା ମୁଁ ସାଙ୍ଗରେ ଆମ୍ବୁଲ ରାଇ
ଶାଗ ଭାଜିଥିବି ତା ସହିତ ପୁଣି ବଡ଼ି ଓ ନଡ଼ିଆ ଦେଇ ।
ଖାଇବା ଶେଷରେ ସଜାଇ ଥିବି ମୁଁ ତୋ ପାଇଁ ଯେ ପୋଡ଼ପିଠା
ଅତି ଶରଧାରେ ଖୁଆଇବି ତୋତେ କହି ମୋର ମନ କଥା ।
ଦୀନବନ୍ଧୁ ବୋଲି ଦୁନିଆ କହଇ ଏ ଦୀନ ଘରେ ଖାଇବୁ
ବଡ଼ ଦେଉଳରେ ରହିବି କାଳିଆ ଦୀନବନ୍ଧୁ ନାମେ ଥିବୁ ।
ତୋ ପାଇଁ ତ ନୁହେଁ ଏକଥା ଯେ ନୂଆ ଅସମ୍ଭବ ଜମା ନୁହେଁ
ଏ ସାରା ଜଗତ ଆଜିବି କାଳିଆ ବିଦୁରର ଗାଥା ଗାଏ ।

୦୫ ଜୁନ ୨୦୧୮

ଜଗନ୍ନାଥ ନାମ ବହିଛି ବୋଲି ତ ଜଗତ ଜଞ୍ଜାଳ ବୁହେ
ପତିତ ଉଦ୍ଧାର ପାଇଁ ମୋ କାଳିଆ ଅନେକ କଷଣ ସହେ ।
ଦିନ ସରି ଯେବେ ରାତି ହୋଇଯାଏ ଧନ ମୋର ଥକିଯାଏ
କଳା ସାଆନ୍ତକୁ ଏତେ ସହଜରେ ସତେ କିବା ନିଦ ହୁଏ ।
କଳା ମାଣିକକୁ ଲୋଡ଼ାହୁଏ ପରା ରାତିରେ ପଖାଳ ଦହି
କଦଳୀର ଭଜା କାଳିଆ ଯେ ପୁଣି ପଖାଳର ସାଙ୍ଗେ ଖାଇ ।
ପଇଡ଼ ପାଣିରେ ଶରଧା ତାହାର ଦହି ପଖାଳର ଶେଷେ
ସଂସାର ଯାକର କଥା ବୁଝି ବୁଝି ଥକା ମାରି ଟିକେ ବସେ ।
ଖିଆପିଆ ସାରି କାଳିଆ ମୋହର ଭୁଞ୍ଜଇ ବିଡ଼ିଆ ପାନ
ବଡ଼ ଖିଆ ବୋଲି ଜଗତେ ବାଜଣା ଜାଣଇ ସାରା ଭୁବନ ।

ରତ୍ନ ପଲଙ୍କକୁ ଆବାହନ ପାଇଁ ନିଦ୍ରାଦେବୀ ହୁନ୍ତି ବିଜେ
କାଳିଆ ରାଜା ମୋ ରତନ ପଲଙ୍କେ ନିମିଷକେ ଆଖି ବୁଜେ ।
ଘରର ମୂରବୀ ଏକା ବୁଝେ ସିନା ଘରର ଜଞ୍ଜାଳ ଘୋର
ଜଗତ କରତା ବୋଲାଉ ବୋଲିରେ ଜଗତ ଜଞ୍ଜାଳ ତୋର ।

୦୬ ଜୁନ ୨୦୧୮

ବାଇଶି ପାହାଚ

ବାଇଶି ପାହାଚ କରିଦେ କାଳିଆ ଧନ୍ୟ ହୋଇଯିବି ମୁହିଁ
ଦରଶନ ଭକ୍ତେ କରିବାକୁ ଯିବେ ମୋ ଉପରେ ପାଦ ଦେଇ ।
ତୀବ୍ରାମନ୍ଦା ରୌଦ୍ରା ରଞ୍ଜନୀ ରତିକା ଇନ୍ଦୋବତୀ ଦୟାବତୀ
କ୍ଷୋଭିନି ରୋହିଣୀ ସାନ୍ଦୀପନି ରକ୍ତା ବଦ୍ରିକା କୁମୁଦବତୀ ।
କ୍ରୋଧପ୍ରସାରିଣୀ ମଦନ୍ତୀ ମାର୍ଜନୀ ଉଗ୍ରା ରମ୍ୟା ଆଳାପନୀ
କ୍ଷାତି ବ୍ରତୀ ଆଦି ନାମ ବହିଥିବି ବାଇଶି ପାହାଚ ପୁଣି ।
ଦିବାନିଶି ଅବିରତ ପ୍ରତିକ୍ଷଣ ତୋ ସେବାରେ ଲାଗିଥିବି
ତୋ ଭକତ ତୁଣ୍ଡୁ ତୋ ନାମ ଶ୍ରବଣ ନିତି ମୁହିଁ କରୁଥିବି ।
କେତେ ପୁତ୍ର ପୌତ୍ର ପିଣ୍ଡ ବାଢୁଥାନ୍ତି ପିତା ପିତୃପିତା ପାଇଁ
ମୋ ଉପରେ ବସି ପାଣି ପିଣ୍ଡ ଦେବେ ମୋକ୍ଷ ଯେ ପାଇବେ ସେଇ ।
ତୋ ନାମ କୀର୍ତ୍ତନ ତୋ ନାମ ଭଜନ ତୋ ଭକ୍ତଙ୍କ ମେଳିମେଳି
ଅହ ରହ ମୁହିଁ ଶୁଣୁଥିବି ରହି ହରିବୋଲ ହୁଳହୁଳି ।
ତୋର ବଡ଼ପଣ୍ଡା ଉଚ୍ଚାରୁ ଥିବେ ଯେ ତୋହରି ସହସ୍ର ନାମ
ଗୀତା ଭାଗବତ ତୋର ନାମ ମନ୍ତ୍ର ଶୁଣି ହେଉଥିବି ଧନ୍ୟ ।
ଚାହିଁ ବସିଥିବି ଗୁଣ୍ଡିଚାଯାତକୁ କେବେ ତୁ ଆସିବୁ ବୋଲି
ରତନ ବେଦୀରୁ ନନ୍ଦିଘୋଷେ ତୁହି କେବେ ତୁ ଆସିବୁ ବୋଲି
ଝୁଲି ଝୁଲି ଯେବେ ବାଇଶି ପାହାଚେ ଓହ୍ଲାଉ ଥିବୁରେ ତୁହି
ତୋ ପାଦ ପଙ୍କଜ ପରଶ ପାଇରେ ଧନ୍ୟ ହେଉଥିବି ମୁହିଁ ।

୦୭ ଜୁନ ୨୦୧୮

ଜୀବନଟା ଗୋଟେ ଅଙ୍କାବଙ୍କା ରାସ୍ତା ଡର ଲାଗେ ପ୍ରତିକ୍ଷଣ
କେତେ ମୁଁ ଝୁଣ୍ଟିଛି କେତେ ବି ପଡ଼ିଛି ସେକଥା ତ ତୁମେ ଜାଣ ।
ଆଗକୁ ଯେ ପୁଣି କି ଅଛି ମୋ ପାଇଁ ଭାବିବି ପାରଇ ନାହିଁ

ଭୂତ ଭବିଷ୍ୟତ ତୁମର ଆୟତ ମୋତେ ଅବା ଜଣା କାହିଁ ?
କେତେ ଆପଣାର ଗଲେ ଯେ ଦୂରେଇ ଦୂର ହେଲେ ଆପଣାର
ତୁମେ ଏକା ଜାଣ ଏସବୁ କାରଣ ଏ ଖେଳ ତୁମ ହାତର ।
ଅନାଥର ନାଥ କାଳିଆ ସାଆନ୍ତ ଏ ଅନାଥ ନାଥ ହୋଇ
ହାତ ଧରି ମୋତେ ଚଲାଇ ନିଅ ହେ ଏହି ଅଳି ଭାବଗ୍ରାହୀ ।

୦୮ ଜୁନ ୨୦୧୮

ମଗଜ ଲଡ୍ଡୁ

ମଗଜ ଲଡ୍ଡୁରେ ଶରଧା ସଦା ମୋ କାଳିଆର
ଛପନ ଭୋଗରେ ପ୍ରସିଦ୍ଧ ପୁଣି ନାମଟି ତାର ।
ଲୋକ କଥାଟିଏ ମଗଜ ଲଡ୍ଡୁ ନାମରେ ଅଛି
କାଳିଆର ପ୍ରିୟ ବୋଲି ସେ ଯେ ପ୍ରମାଣ ମିଳିଛି ।
ଇଂରେଜ ଶାସନ ସମୟେ ମଧୁମଙ୍ଗଳ ନାମେ
କାଳିଆର ବଡ଼ସେବକ ବଡ଼ପଣ୍ଡା ଯେ ଜଣେ ।
ଫେରୁଥିଲେ ବଡ଼ ଦେଉଳୁ ମଗଜ ଲଡ୍ଡୁ ଧରି
ବଡ଼ଦାଣ୍ଡେ ଥିଲେ ଇଂରେଜ ଙ୍କର ସୈନ୍ୟ ଛାଉଣୀ ।
ସେନାପତି ଥିଲେ ଇଂରେଜ ହିନ୍ଦୁ ସୈନ୍ୟଙ୍କୁ ଧରି
ବଡ଼ପଣ୍ଡା ଲଡ୍ଡୁ ବାଣ୍ଟିଲେ ଦକ୍ଷିଣା ଆଶା କରି ।
ସେନାପତି ଏହା ଦେଖିଣ ପଚାରିଲେ ଏ କିସ
ମଧୁମଙ୍ଗଳ ଯେ ବୋଇଲେ ଏହା ନାମ ମଗଜ ।
ମଗଜ ବଢ଼ଇ ଖାଇଲେ ପୁଣି ମଗଜ ଲଡ୍ଡୁ
କାଳିଆର ପ୍ରିୟ ବୋଲିଯେ ନିତି ତା ଆଗେ ବାଢୁ ।
ସେନାପତି କ୍ରୋଧେ କହନ୍ତି ତୁମ ଠାକୁର ଯେବେ
ମଗଜ ଲଡ୍ଡୁକୁ ଖାଆନ୍ତି ତେବେ ପ୍ରମାଣ ଦେବେ ।
ବଡ଼ପଣ୍ଡା ମୁଣ୍ଡେ ଚିନ୍ତା ଯେ ଏବେ କଣ କରିବା
ନ ଖାଇଲେ ଲଡ୍ଡୁ କାଳିଆ ଆମେ ଫାଶି ପାଇବା ।
ଶରଣ ପଶିଲେ ପଣ୍ଡାଏ କାଳିଆ ପାଶେ ଯାଇ
ରଖିଲେ ରଖିବୁ ତୁହିରେ ଅବା ମାରିବୁ ତୁହି ।

ଗୋପାଳ ବଲ୍ଲଭ ପୂଜାରେ ଲଡୁ ପୂଜା ଆଗରୁ
ଓଜନ ହୋଇଲା ଲଡ୍ଡୁ ଯେ ଇଂରେଜ ଆଦେଶରୁ ।
କାଳିଆ ରଖିଲା ସେବକ ମଧୁମଙ୍ଗଳ ମାନ
ପୂଜା ପରେ ଲଡୁ ହୋଇଲା ପୁଣି ଅଧା ଓଜନ ।
ଯୋଡ଼ହସ୍ତେ ମଧୁମଙ୍ଗଳ କହେ କାଳିଆ ମୋର
ମାନ ରଖିଲୁ ତୁ ମୋହର ତୋର ସେବାୟତର ।
ମଗଜ ଲଡୁ ଯେ ପ୍ରସିଦ୍ଧ ହେଲା ସେଦିନୁ ଜାଣ
କାଳିଆ ଉଦ୍ଧାରେ ବିପଦେ ଯିଏ ପଶେ ଶରଣ ।

୦୯ ଜୁନ ୨୦୧୮

କି ସୁନ୍ଦର ତୋର ମନଲୋଭା ରୂପ ଲାଖିଛି ତୋ ପାଖେ ଆଖି
ତୋର ସେ ଶ୍ରୀମୁଖ ଏମିତି ମୋହିଛି ମନ ମୋ ଗଲା ଅଟକି ।
ତୋ ରୂପରେ ଦେଖେ ସାରା ଭୁବନ ମୁଁ ପିତା ମାତା ଭାଇ ବନ୍ଧୁ,
ତୋ ନିକଟେ ଟିକେ ବସିଯାଏ ଯେବେ ଲଭଇ ଶାନ୍ତିର ସିନ୍ଧୁ ।
କେବେ ପିତା ପଣେ ବାଟ କଢ଼ାଉ ଯେ ମାତାର ଶୀତଳ ଛାୟା
ଭାଇ ପରି ସ୍ନେହ ବନ୍ଧୁ ପରି ବଳ ଦେଇ ହୋଇଯାଉ ଠିଆ ।
କେମିତି କେଉଁଠି କେଉଁ ରୂପେ ତୁହି ହେଉ ପୁଣି ଆବିର୍ଭାବ
ବିପଦେ ଆପଦେ ଦୁଃଖେ ବା ସମ୍ପଦେ କରିଛି ମୁଁ ଅନୁଭବ ।
ବିଶ୍ୱାସେ ମିଳ ଏ ବିଶ୍ୱ ବିହାରୀ ତର୍କରେ ଅନେକ ଦୂର
ଅନୁଭବୀ ଯିଏ ଅନୁଭବ କରେ ସର୍ବବ୍ୟାପୀ ଚରାଚର ।
ତୋହରି କରୁଣା କୋମଳ ଛାୟାରେ ଦୟା କ୍ଷମା ହୃଦେ ଦେଇ
ଏ ସଂସାରୁ ମୋତେ ଉଦ୍ଧାରିବା ପାଇଁ ନିଅ ହେ ବାଟ କଢ଼ାଇ ।

୧୦ ଜୁନ ୨୦୧୮

ସାରୁ ପତରରେ ଜଳ ବୁନ୍ଦାଟି ମୁଁ ହେଉଥାଏ ଟଳମଳ
ବାଆକୁ ମୋ ଡର ବତାସକୁ ଭୟ ହେଉଥାଏ ଢ଼ଳ ଢ଼ଳ ।
ପତିତ ପାବନ ଜଗତ ଜୀବନ ହର୍ତ୍ତାକର୍ତ୍ତା ହରି ତୁମେ
ଜଳ ବୁନ୍ଦାଟି ଯେ ତୁମର ଆୟତ୍ତ ଏକଥା ବୁଝିଛି ମନେ ।

କେତୋଟି ମୁହୂର୍ତ୍ତ ତୁମ ଆଶୀର୍ବାଦେ ଏ ଧରାରେ ମୋର ବାସ
ବହିଛି ଏ ଦେହ ରାଗ ଅଭିମାନ ହିଂସା କ୍ରୋଧ ଅବା ଦ୍ୱେଷ ।
ସତ କହି କେବେ କଷ୍ଟ ମୁଁ ପାଇଛି ରକତେ କରନ୍ତି ପର
ଦୋଷ ନ କରି ବି ଅନେକ କଷଣ ପାଉଥାଏ ବାରମ୍ବାର ।
ଉପକାର ଏଠି କରିବାକୁ ଯାଇ ଅପକାର ହୁଏ ମୋର
ଏ କଥା ଜାଣିଛି ହିସାବ ନିକାଶ ସବୁ ତ ତୁମେ ହିଁ କର ।
ଯାହା ମୁଁ କରିଛି ଯାହା ମୁଁ କରୁଛି ଯାହା ବି କରିବି ଆଗେ
କରିବା ଆଗରୁ ଚିନ୍ତିବା ଆଗରୁ ଜାଣିଯାଅ ନିତ୍ୟେ ବେଗେ ।
ମନରେ ଭକତି ହସ୍ତେ ମୋ ଶକତି ଚିନ୍ତା ଚେତନାରେ ତୁମେ
ଏତିକି ସୁଦୟା ମୋ ଉପରେ ଥାଉ ନ ପଛାଏ ମୁଁ କରମେ ।

୧୧ ଜୁନ ୨୦୧୮

ମନଟା ମୋହର ହୁଏ ଛଟପଟ ଶୀରିକ୍ଷେତ୍ର ଯିବା ପାଇଁ
ଅଠରନଳାରୁ ତୋ ନୀଳଚକ୍ରକୁ ମୁଣ୍ଡିଆ ମାରିବା ପାଇଁ ।
ବଡ଼ଦାଣ୍ଡ ଧୂଳି ମଥାରେ ଲଗାଇ ଖାଲିପାଦେ ବଡ଼ଦାଣ୍ଡେ
କାଳିଆ କାଳିଆ ତୋ ବଡ଼ ଦାଣ୍ଡରେ ଗାଉଥିବି ମୋର ତୁଣ୍ଡେ ।
ତୋର ଦରଶନ ରତନ ବେଦୀରେ ଝୁରୁଥାଏ ମୁହିଁ ନିତି
ତୋ ବଡ଼ ଦାଣ୍ଡରେ ନ ଚାଲିବା ଯାଏ ମନକୁ ମିଳେନି ଶାନ୍ତି ।
ଗରୁଡ଼ ସ୍ତମ୍ଭକୁ ହୃଦୟେ ଲଗାଇ ହାତ ମୋର ଯୋଡ଼ିଥିବି
ତୋ ଦର୍ଶନ ପାଇଁ କାଳିଆରେ ମୁଁ ତ ବାଇଶି ପାହାଚେ ଯିବି ।
ଅନେକ କଥା ମୁଁ ମନେ ରଖିଥାଏ କହିବି ବୋଲିରେ ତୋତେ
ଯେବେ ଦେଖେ ମୁହିଁ ତୋ କଳା ବଦନ ସବୁ ଭୁଲିଯାଏ ସତେ ।
ଅସରା ଅସରା ଲୁହ ବହିଯାଏ ମନେପଡ଼େ ନାହିଁ କିଛି
ସତେ ତୁ ମୋହର ଏତେ ଆପଣାର ଲୁହ ଦେଖି ଯିବୁ ବୁଝି ।
ଏତିକି ସୁଦୟା ଆଶୀର୍ବାଦ ତୋର ଏ ଅନାଥ ଠାରେ ଥାଉ ।
ହେ ନାଥ ଭୋ ନାଥ ନାଥ ଜଗନ୍ନାଥ ତୋ ପାଦେ ଏ ଦାସ ରହୁ ।

୧୨ ଜୁନ ୨୦୧୮

ଯେତିକି ଦେଇଛୁ ସେତିକିରେ ଶାନ୍ତି ଅଧିକ ମୋ ଲୋଡ଼ା ନାହିଁ
ମୋ ପାଇଁ ଯେତିକି ଲୋଡ଼ାରେ କାଳିଆ ଦେଇଛୁ ଭୁଜ ମେଲେଇ ।

ତୋ ମହାପ୍ରସାଦ ସ୍ୱପ୍ନହେଲା ବୋଲି ରଖିଛି ନିର୍ମାଲ୍ୟ ଘରେ
ତୋ ଛଡ଼ା ତୁଳସୀ ନିତ୍ୟ ପାଏନି ମୁଁ ଖୁସି ଶୁଖା ଦୟଣାରେ ।
ତୁ ଯେଉଁଠି ଥାଉ ମନ ମୋର କହେ ସେଇଠି ହିଁ ଶୀରିକ୍ଷେତ୍ର
ତୋତେ ମୁଁ ଦେଖିଲେ ଘରେ ମନ୍ଦିରରେ ଭାବେ ସେ ଯେ ଶ୍ରୀମନ୍ଦିର ।
ବାର ମାସେ ତେର ପରବ ତୋହର ସବୁ ମନେ ରଖିଥାଇ
ଖଜା ପୁଳି ଅବା ଖେଚୁଡ଼ି ଡାଲମା ତୋ ଆଗେ ରାନ୍ଧି ବାଢ଼ଇ ।
ପୂଜା ପାରବଣ ଭକ୍ତି ଭାଗବତ ତୋ ଲାଗି କାଳିଆ ସବୁ
ତୋ କରୁଣା ଉଣା କରିବୁନି ଧନ ଦୁଃଖେ ସୁଖେ ପାଶେ ଥିବୁ ।

୧୩ ଜୁନ ୨୦୧୮

ଅନାଦି ଅନନ୍ତ ତୁମେ ମହାବାହୁ ଅସୀମ ଯେ ଅଗୋଚର
ଅପରିସୀମ ଯେ ତୁମ ରୂପ ରେଖ ଅନ୍ତର୍ଯ୍ୟାମୀ ଚରାଚର ।
ଅନ୍ତ ନାହିଁ ବୋଲି ତୁମେ ଯେ ଅନନ୍ତ ଅନନ୍ତ ବିଶ୍ୱବ୍ରହ୍ମାଣ୍ଡ
ନୀଳାଚଳେ ବସି ପତିତ ପାବନ ହସୁଥାଅ ମନ୍ଦ ମନ୍ଦ ।
ଗୀତା ଭାଗବତ ଗ୍ରନ୍ଥ ଓ ପୁରାଣ ଗାଏ ଯେ ତୁମରି ଗାଥା
ଭଜନ ଜଣାଣ ପୂଜା ଓ କୀର୍ତ୍ତନ ସବୁଠି ତୁମରି କଥା ।
ଋଷି ମୁନୀଙ୍କାନି କେତେ ଯେ ମହର୍ଷି ତୁମରି ନାମକୁ ଗାଇ
ତରିଗଲେ ଏହି ମାୟା ପୃଥିବୀରୁ ତୁମ ନାମ ତୁଣ୍ଡେ ନେଇ ।
ଅସରନ୍ତି ଅଟେ ତୁମରି ମହିମା ଗାଇ ଗାଇ ସରେ ନାହିଁ ।
କେ ଅବା ସକ୍ଷମ ଅଛି ଦୁନିଆରେ ପାରିବ ବଖାଣି ଦେଇ ।
ଧନ୍ୟ ମହାପ୍ରଭୁ ମହିମା ତୁମର ନାହିଁ ଯାର ପଟାନ୍ତର
ତୁମରି ଆଶିଷ ଢ଼ାଳି ଏ ଧରାରେ ଜଗତ ଉଦ୍ଧାର କର ।

୧୪ ଜୁନ ୨୦୧୮

ଜଗତ ଜୀବନ ଭକତ ବାନ୍ଧବ ଆହା ମୋ କରୁଣା ଜ୍ୟୋତି
ଭକତି ଅନ୍ତରେ ପୂଜିଲେ ଅର୍ପିଲେ ଅଜାଡୁ ଦୟା ବାରିଧି ।
ତୋ ହାତ ଅଙ୍ଗୁଳି କ୍ଷତ ହୋଇଯେବେ ଝରି ପଡ଼ିଥିଲା ରକ୍ତ
ପାଞ୍ଚାଳି ପଣତୁ ପାଟ ଖଣ୍ଡେ ଚିରି ବାନ୍ଧି ଥିଲେ ତୋର ହାତ ।

କୁରୁସଭା ସ୍ଥଳେ ପାଞ୍ଚାଳିର ବସ୍ତ୍ର ହରଣ କରିବା ବେଳେ
ପାଞ୍ଚ ସ୍ୱାମୀ, ଭାଇ, ପିତା ପିତୃ ସମ ସବୁ ଥିଲେ ସେଇ ସ୍ଥଳେ ।
ସମସ୍ତେ ଯେ ଯୋଦ୍ଧା ଏକ କୁ ଆରକ ହେଲେ ସବୁଥିଲା ବ୍ୟର୍ଥ
ଦ୍ରୌପଦୀଙ୍କ ମାନ ରଖିବା ପାଇଁ ତୁ ଦେଲୁ ଯେ ସହସ୍ର ବସ୍ତ୍ର ।
ନିଜ ମାନ ନିଜ ସନମାନ ପାଇଁ ଦୁଇ ହାତକୁ ଜାବୁଡ଼ି
ନିଜ ବଳ ପଣେ ଲାଜ ରଖିବାକୁ ଧରିଥିଲେ ନିଜ ଶାଢ଼ୀ ।
ହାରିଗଲା ଯେବେ ନିଜ ହସ୍ତ ବଳ ଦୁଃଶାସନ ବଳ ଆଗେ
ପଣତକୁ ଛାଡ଼ି ହାତ ଦୁଇ ଟେକି ସମର୍ପିଲେ ଅତି ବେଗେ ।
ହେ କେଶବ ବୋଲି ଆଖି ଦୁଇ ବୁଜି କାତର ଅନ୍ତରେ ଡାକି
ମାନ ଅପମାନେ ଲଜ୍ୟା ଅସମ୍ମାନେ ତୁହି ମୋର ଏକା ସାଖି ।
ଦ୍ରୌପଦୀଙ୍କୁ କୋଟି ବସ୍ତ୍ର ଦେଇ ତୁ ଯେ ଶୁଣିଲୁ ତାଙ୍କ ଜଣାଣ
ତୁହି ଏକା ସଖା ବିପଦ ବେଳରେ ଆଉ ସବୁ ଅକାରଣ ।
ଦଣ୍ଡେ କ୍ଷଣେ ତୋତେ ଭକତି ଅନ୍ତରେ ନିଜକୁ ସମର୍ପି ଦେଲେ
ଆହା ମୋ କାଳିଆ ତୁ ଥାଉ ପାଖରେ ଯେତେ ଯିଏ ପର ହେଲେ ।

୧୫ ଜୁନ ୨୦୧୮

ହାତ ନାହିଁ ପୁଣି ମହାବାହୁ ବୋଲି ଜଗତେ ପଡ଼ୁଛି ହୁରି
ଦାତା ନାମେ ତୋର ଜଗତେ ବାଜଣା ଶଙ୍ଖ ଚକ୍ର ଗଦାଧାରୀ ।
ଜଗତ କହୁଛି ଜଗତର ନାଥ ଦୀନ ଡାକେ ଦୀନବନ୍ଧୁ
ଜଗତର ନାଥ ଜଗନ୍ନାଥ ତୁ ଯେ କା ପାଇଁ କରୁଣା ସିନ୍ଧୁ ।
କେ ଡାକେ କାଳିଆ କଳା ମାଣିକ ଯେ କେ ଡାକେ ଧନ ସଙ୍ଖାଳି
କେ ଡାକେ କେଶବ କେ ଡାକେ ମାଧବ କେ କହେ ଗଳାର ମାଳି ।
କେଉଁ ନାମ ଧରି ଡାକିବି ତୋତେ ରେ ତୁ ପରା ସର୍ବ ନାମ
ତୋ ଠାରୁ ଆରମ୍ଭ ତୋ ଠାରେ ବି ଶେଷମୁଁ ଅଟେ ତୋର ଦାନ ।

୧୬ ଜୁନ ୨୦୧୮

କଳା ସାଆନ୍ତେ ହୋ କି ସୁନ୍ଦର ଲୀଳା ଜଗତେ ବହିଛ ତୁମେ
କଳା ଠାକୁର ହେ କେମିତି କୁହୁକ କରିଛ ଜଗତ ଜନେ ।
ଆଖି ବୁଜିଲେ ବି ତୁମକୁ ଦେଖଇ ଆଖି ଖୋଲିଲେ ବି ତୁମେ

ସଞ୍ଜ କି ସକାଳେ ଆଲୁଅ ଅନ୍ଧାର ସଙ୍କଟେ ବିକଟେ ତୁମେ ।
ତୁମରି ଆଦେଶେ ସୂରୁଜ ଚନ୍ଦ୍ରମା ଆକାଶ ପାତାଳେ ତୁମେ
ତରୁଲତା ବୃକ୍ଷ ଜଡ଼ରୁ ଜୀବନ ଜଳେ ସ୍ଥଳେ ବା ପବନେ ।
ତୁମ୍ଭରି ଆଶିଷ ଢ଼ାଳି ଦିଅ ପ୍ରଭୁ ପ୍ରତି ଅଙ୍ଗେ ପ୍ରତି ପ୍ରାଣେ
ତୁମରି କରୁଣା ଭରିଦିଅ ପ୍ରଭୁ ସାରା ଜଗତ ଜୀବନେ ।

୧୭ ଜୁନ ୨୦୧୮

ଜଗତ ପିତା ହେ ପିତୃ ଦିବସରେ ପ୍ରଣାମ ଘେନ ଆମର
ତୁମ୍ଭରି ସର୍ଜନା ଏ ବିଶ୍ୱ ବ୍ରହ୍ମାଣ୍ଡ ତୁମେ ତ ସ୍ରଷ୍ଟା ସୃଷ୍ଟିର ।
ତୁମରି ଆଦେଶେ ତୁମ ଉପଦେଶେ ଦେଖାଅ ପଥ ଆମକୁ
ପିତା ଯେବେ ଆମ ପଥ ପ୍ରଦର୍ଶକ ଭୟ ଅବା କାହାରିକୁ ।
ସତ୍ୟ ପଥେ ଧର୍ମ ପଥେ ରହି ଆମେ ତୁମ ପାଦେ ରଖି ଲୟ
ବିପଦେ ଆପଦେ ସଙ୍କଟେ ବିକଟେ ମନରେ ନ କରୁ ଭୟ ।
ଜଗତ୍ ପିତା ବୋଲି ତୁମ ଜୟ ଗାନ ସଂସାରେ ଏମିତି ଥାଉ
ତୁମେ ଥାଉ ଥାଉ କେହିବି ସଂସାରେ ଅନାଶ ହୋଇ ନ ରହୁ ।

୧୮ ଜୁନ ୨୦୧୮

ଅଜଣା ଅଲୋଡ଼ା ଲୋକଟିଏ ମୁହିଁ ତୁମେ ପୂର୍ଣ୍ଣ ମୁହିଁ ଶୂନ୍ୟ
ତୁମର କାହାଣୀ ଦୁନିଆକୁ ଜଣା ମୁଁ ଅଟେ ଜଣେ ଅଜ୍ଞାନ ।
ମୋ କାହାଣୀ ଏକା ତୁମ ପାଖେ ବସି କହିବାକୁ ମନ ଚାହେଁ,
ତୁମର ଶ୍ରୀମୁଖେ ହସ ଦେଖି ମୁହିଁ ମୋ କାହାଣୀ ଭୁଲିଯାଏ

ଅକୁହା କଥା ମୋ ଅଧା ରହିଯାଏ
କହିବାକୁ ରହିଁ ସବୁ ଭୁଲିଯାଏ ।
ତୁମ ଅଧାହସ ମନ କିଣିନିଏ
ଖୁସିରେ ଆଖିରୁ ଲୁହ ବହିଯାଏ ।

୧୯ ଜୁନ ୨୦୧୮

କାଳିଆରେ ତୋ ସଙ୍ଗେ ଯେବେ ଦେଖା ହୁଏ
ଖୁସିରେ ଆଖିରୁ ମୋର ଲୁହ ଝରିଯାଏ ।
କେବେ ତ ଅଜାଡ଼ି ଦେଉ ଖୁସିର ପସରା
କେବେ ତ ଦେଇଛୁ ଲୁହ ଅସରା ଅସରା ।
ଜୀବନର ଖରା ଛାଇ ଦୁଃଖକୁ ସୁଖକୁ
ସବୁ ତ ମୁଁ ଭୁଲିଯାଏ ଦେଖି ତୋ ମୁହଁକୁ ।

୨୦ ଜୁନ ୨୦୧୮

କାଳିଆରେ ସଦା ତୋର ଦରଶନ
ମୋ ନେତ୍ର ଯୁଗଳ ଲଭୁ
ମୋର କର୍ମ ଧର୍ମ ମନ ଓ ବିଶ୍ୱାସ
ତୋ ପୟରେ ଅର୍ପେ ସବୁ ।
ସୁଖ ବେଳେ କେବେ ନ ବୋଲେ ଚାତର
ନମ୍ରତା ମନରେ ରହୁ
ଦୁଃଖ ବେଳେ ମୁହିଁ ନ ହୁଏ କାତର
ଧୈର୍ଯ୍ୟ ମୋ ଅନ୍ତରେ ଥାଉ ।
ଦୁଃଖ ସୁଖ କେତେ ଆସିଛି ଜୀବନେ
ଭଲ ମନ୍ଦ ସବୁ ନେଇ
ହସିଛି କାନ୍ଦିଛି ପଥ ବି ହୁଡ଼ିଛି
ତୋ ଶ୍ରୀମୁଖ ଭୁଲି ନାହିଁ ।
ଆପଣା ରକତେ ଦୂର କଲେ ମୋତେ
ତୋ ଆଗେ କାନ୍ଦିଛି କେତେ
ଅନେକ ଲୁହ ବି ଲୁଚାଇ ପୋଛିଚି
ସତେକି ଅଜଣା ତୋତେ ।
ଏବେ ତ ବୁଝିଛି କେ ନୁହେଁ କାହାର
ସଭିଏଁ ସୁଖର ସାଥୀ
ଆପଣା ଆପଣା ସମସ୍ତେ ବୋଲାନ୍ତି
ସବୁ ଖାଦ ତୁହି ଖାଣ୍ଟି ।

ମାନ ଅଭିମାନ ମୋ ନିନ୍ଦା ପ୍ରଶଂସା
ସବୁ ସମର୍ପିଛି ତୋତେ
ଯାହା ବି ପାଇଛି ଯାହା ହଜାଇଛି
ଏ ପରା ତୋ ଦାନ ମୋତେ ।

୨୧ ଜୁନ ୨୦୧୮

ମନୁଆ ଠାକୁର ସଭିଏଁ କହନ୍ତି ହେଲେ ତୋର ମନ କାହିଁ
ସତେ ରାଧା ମୀରା ନେଲେ ତୋ ମନକୁ ତୋଠାରୁ ତୋତେ ଚୋରାଇ ।
କି ଅବା ସେ ମନ ଗୋପ ପୁରେ ରହି ଦେଲୁ ସମସ୍ତ ଗୋପୀଙ୍କୁ
ମନୁଆ ବୋଲିରେ ମନେ ନାହିଁ ତୋର ଦେଲୁ ମନ ଶ୍ରୀଲକ୍ଷ୍ମୀଙ୍କୁ ।
ମନ ଥିଲେ ସିନା ବୁଝି ପାରିଥାନ୍ତୁ ମୋ ମନକୁ ତୁହି ବୁଝି
ମନ ନାହିଁ ବୋଲି ମୋ ଦୁଃଖେ କଷଣେ ହସୁଛୁ ଖୁସିରେ ବସି ।
ଜାଣିବି ତୋର ଏ କପଟ ପଣିଆ ତଥାପି ତୋ ପ୍ରେମେ ବାଇ
ତୁ ସିନା ଭୁଲିଛୁ ମୋତେରେ କାଳିଆ କେମିତି ଭୁଲିବି ମୁହିଁ ।

୨୨ ଜୁନ ୨୦୧୮

ମନ ଦେଇ ତୋତେ ଭାବୁଛି କାଳିଆ ଏକ ତରଫା ମୋ ପ୍ରେମ
ନ ହେଲେ ଏମିତି ଖୁସିରେ ବସି ତୁ ଦେଖନ୍ତୁ ମୋର କଷଣ ।
ଆପଣା ଲୋକର କଷଣ ଦେଖିଲେ ମନ ହୁଏ ଛଟପଟ
ଆପଣା ତୁ କେବେ ଭାବିନୁ ବୋଲିତ ଦେଖୁଥାଉ ମୋର କଷ୍ଟ ।
ଏ କି ନୂଆ କଥା ତୋ ପାଇଁ କାଳିଆ କାହାକୁ ନ କନ୍ଦାଇଛୁ
ଯିଏ ତୋତେ ଅତି ନିଜର ଭାବିଛି ତାକୁ ଝୁରାଇ ମାରିଛୁ ।
ଯଶୋଦା ଦେବକୀ ନନ୍ଦ ବସୁଦେବ ରାଧା ଯେ ସହସ୍ର ଗୋପୀ
କେତେ କନ୍ଦାଇଛୁ ତୁହିରେ କାଳିଆ କାନ୍ଦିଛନ୍ତି ତୋତେ ଭାବି ।
ତୋତେ ଭାବି ମୋର ଦିନ ସରିଯାଉ ମନ ତୋତେ ଝୁରୁଥାଉ
ଆଖି ଖୋଲିଲେ ମୁଁ ତୋର ସେ ଶ୍ରୀମୁଖ ମୋ ଆଖିରେ ଦିଶୁଥାଉ ।

୨୩ ଜୁନ ୨୦୧୮

ଜୀବନ ନଈରେ ଦୁଇଟି ନଉକା ଗୋଟେ ଦୁଃଖ ଗୋଟେ ସୁଖ
ପାରି ହୁଏ କେବେ ସୁଖ ନଉକାରେ କେବେ ପାରି କରେ ଦୁଃଖ ।
ସୁଖ ଅବା ଦୁଃଖ ଦୁଃଖ ଅବା ସୁଖ ଲାଗିଥାଏ ସବୁବେଳେ

୩୦ | ଡ. ଜୟଶ୍ରୀ ନନ୍ଦ

କଠିନ ସମୟ ଆସିଥାଏ ଯେବେ ଦି ଗୋଡ଼ ଦୁଇ ଡଙ୍ଗାରେ ।
ହସି ହୁଏ ନାହିଁ କାନ୍ଦି ବି ହୁଏନି ଏକା ସାଙ୍ଗେ ଦୁଃଖ ସୁଖ
ସେ ସମୟ ଅଟେ ବଡ଼ ଦୁଃସମୟ କରେ ବଡ଼ ମନସ୍ତାପ ।
ଦୁଇ ଗୋଡ଼ ଦୁଇ ଡଙ୍ଗାରେ ରହିଲେ ହୁଏ ମୁହିଁ ଟଳ ମଳ
କି କରିବି ମୁଁ ଯେ ଭାବି ନ ପାରଇ ମନ ମୋ ହୁଏ ବିକଳ ।
ସେ ସମୟେ ସଖା ହୋଇରେ କାଳିଆ ମୋ ପାଖରେ ହେବୁ ଠିଆ
ନାଉରି ହୋଇ ତୁ ବାହି ନେବୁ ନାବ ହେବୁ ମୋର ତୁହି ସାହା ।
ଯାହାକୁ ଜୀବନେ କରିଛି ବିଶ୍ୱାସ ସଭିଏଁ ଦେଲେ ତ ବିଷ
ସମର୍ପିଛି ମୁହିଁ ସବୁ ତ ତୋତେରେ ଏକା ତୁ ଆଶା ବିଶ୍ୱାସ ।

୨୪ ଜୁନ ୨୦୧୮
(୫୦ ତମ ଲଣ୍ଡନ ରଥଯାତ୍ରା)

ତୋ ରଥ ଦଉଡ଼ି ଧରିଥାଏ ଭିଡ଼ି ଦେଖୁଥାଏ ତୋର ରୂପ
ଜଣା ପଡ଼ିଲାଣି ରଥ ଟାଣିବାର ଆରମ୍ଭ ହୋଇଲା ଶେଷ ।
ମୋ କାଳିଆ ଧନ ରଥରେ ବସି ସେ ହୋଇଛି ଆଜି ବାହାର
ଭକତଙ୍କୁ ଟିକେ ଦେଖିବା ପାଇଁ କି ସତେ ସିଏ ଉଜାଗର ।
ହାତରେ ମୋହର ତୋ ରଥ ଦଉଡ଼ି ତୁଣ୍ଡରେ ତୋହର ନାମ
ତୋ ଭାବ ବିହ୍ୱଳେ ଲୁହ ବହିଯାଏ ଆହାରେ ମୋ ଗଣ୍ଠିଧନ ।
କିଏ ବଡ଼ ସ୍ୱରେ ଜଗନ୍ନାଥ ଡାକେ କିଏ ଡାକୁଥାଏ କୃଷ୍ଣ
କାଳିଆ ସାଆନ୍ତେ ଡାକୁଥାଏ ମୁହିଁ ତୁହି ମୋ ଜୀବନ ଧନ ।
ଶଙ୍ଖ ବାଜୁଥାଏ ମୃଦଙ୍ଗ ବାଜଇ ଘଣ୍ଟ ଘଣ୍ଟା ଖୋଳ ତାଳ
କାଳିଆ ରଜା ମୋ ରଥକୁ ଆସିଛି ଭକତେ ପ୍ରେମେ ପାଗଳ ।
ଆହାରେ କାଳିଆ ଜଗତର ନାଥ କେତେ ଲୀଳା ଖେଳା ତୋର
ତୋତେ ମୁଁ କାଳିଆ ଯେଉଁଠି ଦେଖଇ ସେଇ ମୋର ନୀଳାଚଳ ।

୨୫ ଜୁନ ୨୦୧୮
(ସ୍ନାନ ପୂର୍ଣ୍ଣିମା ଅବସରରେ)

କଳା ଠାକୁର ମୋ କଳା ରତନ ରସିକ ପଣ ତୋ ମନ ମୋହନ ।
ଷୋଳ କଳା କି ତୁ ସହସ୍ର କଳା ଯଶୋଦା ନନ୍ଦନ ନନ୍ଦର ବଳା ।
ତୋ ରସିକ ପଣେ ସହସ୍ର ଗୋପୀ ପାଗଳ ହୋଇଲେ ତୋ ରୂପ ଦେଖି ।

ଏ ରୂପ ତୋହର କିମିଆ କଲା		କି ରାତି କି ଦିନ ମନେ ନାଚିଲା ।
ମୋ ମନକୁ ତୁହି ନେଲୁ ଚୋରାଇ		ଅହ ରହ ମନ ତୋତେ ଝୁରଇ ।

୨୬ ଜୁନ ୨୦୧୮

ଆହା ମୋ କାଳିଆ କି ଲୀଳା ତୋର ରଥଚଢ଼ି ଯେବେ ହେଉ ବାହାର ।
ଭକତ ଜନଙ୍କୁ ଦେଖିବା ପାଇଁ		ଭାଇ ଭଉଣୀଙ୍କୁ ସାଙ୍ଗରେ ନେଇ ।
ରଥ ଚଢ଼ି ଯାଉ ଗୁଣ୍ଡିଚା ଘର		ଭକତେ ଭେଟିବୁ ତୁ ଉଜାଗର ।
ପଂକ୍ତିଭୋଗ ଖାଉ ରଥରେ ବସି		ଖୁସିହେଉ ଦେଖି ଜଗତବାସୀ ।
ବଡ଼ଖିଆ ମୋର କଳା ଠାକୁର		ପୋଡ଼ପିଠାରେ ଯେ ଶରଧା ତୋର ।
ମାଉସୀମାର ମନ୍ଦିର ଆଗେ		ପୋଡ଼ ପିଠା ଖାଇ ଅତି ସରାଗେ ।
କିଛିଦିନ ବୁଲି ନନ୍ଦିଘୋଷରେ		ସମୟ କଟାଉ ହସ ଖୁସିରେ ।
ଲକ୍ଷ୍ମୀ ସାଆନ୍ତାଣୀ ମନ୍ଦିରେ ରହି		ଝୁରୁଥାନ୍ତି ତୋଠୁଁ ଅଲଗା ହୋଇ ।
ତୋର ଏ କପଟ ଘରଣୀ ସାଥେ		ନ ନେଇ ଲକ୍ଷ୍ମୀଙ୍କୁ ଯାଉ ଯେ ରଥେ ।
ବଗଡ଼ା ଭାତକୁ କଳମ ଶାଗ		ଅଭିମାନୀ ଲକ୍ଷ୍ମୀ ମନରେ ରାଗ ।
ନିଜେ ଖାଉ ତୁହି ଛପନ ଭୋଗ		ଘରଣୀକୁ ଦେଉ ଭାତ ଓ ଶାଗ ।
ନ ଥାଉ ବୋଲି ତୁ ଶିରୀମନ୍ଦିରେ		ଯାଆନ୍ତିନି ଲକ୍ଷ୍ମୀ ରୋଷେଇ ଘରେ ।
ଏ କି ସତେ ତୋର ମୁରବୀ ପଣ		ଉଦ୍ଧାରିବା ପାଇଁ ଜଗତ ଜନ ।
ଘରଣୀକୁ ଭୁଲି ଜଗତ ହିତେ		ମନ୍ଦିରରୁ ଯାଇ ବସୁଯେ ରଥେ ।
ଦୁନିଆ କହେତ ଭାଇ ଭଉଣୀ		ଦୁଃଖେ ସୁଖେ ସାଥେ ଥାଏ ଘରଣୀ ।
ଦୁନଆକୁ ଶୋଭା ରାଜାକୁ ରାଣୀ		ସାଆନ୍ତ ସାଥୀରେ ଯେ ସାଆନ୍ତାଣୀ ।

୨୭ ଜୁନ ୨୦୧୮
(ସ୍ନାନ ପୂର୍ଣ୍ଣିମା ଅବସରରେ)

କାଳିତ ସ୍ନାନ ପୁନେଇଁ
ରତ୍ନ ବେଦୀ ଛାଡ଼ି ସ୍ନାନ ମଣ୍ଡପକୁ ଆସିବ ମୋର କହ୍ନେଇ ।
ପାଳିଆ ସେବକ		ଯୋଗାଡ଼ରେ ବ୍ୟସ୍ତ		କାଳିଆ ଆସିବ ବୋଲି
ସେନାପଟା ସଜା		ହେଲାଣି ଦେଖଲୋ		ସାଆନ୍ତେ ଆସିବେ କାଲି ।
ରତ୍ନ ସିଂହାସନୁ		କଲ୍ଲାଟ କବାଟ		ହେଲାଣି ଦେଖ ବନ୍ଧନ
କୋଠ ସୁଆଁସିଆ		ଚାରୁମାଳ ବାନ୍ଧି		ହୁଅନ୍ତି ବଡ଼ ଉଛନ୍ନ ।

ଦଇତା ହେଲେଣି ସଜାଗ ଦେଖଲୋ ଛାଡ଼ି ନିଜ ସଂସାରକୁ
କାଳିଆରେ ସେବା କରିବା ନିମିତ୍ତ ଆସିଲେଣି ମନ୍ଦିରକୁ ।
ବରଷକେ ଥରେ ସ୍ନାନ ପୁନେଇଁକୁ ଦଇତା ବସନ୍ତି ଚାହିଁ
ସାଆନ୍ତଙ୍କ ସେବା କରିବେ ପରାଲୋ ଜଗା ପଦ୍ମ ପାଦେ ରହି ।
ସ୍ନାନ ବେଦୀ କହେ ଆ ରେ କହ୍ନେଇ ବସିଛି ତୋ ବାଟ ଚାହିଁ
ମୋ ଉପରେ ବସି ସ୍ନାନ କରିବୁ ରେ ଧନ୍ୟ ହୋଇ ଯିବି ମୁହିଁ ।
ତୋ ଦେହରୁ ଯେବେ ବହି ଆସିବରେ ତୋ ଦେହ ସ୍ନାହାନ ଜଳ
ମୋ ଉପରେ ପଡ଼ି ତୋ ପାଦ ଉଦକ ଜୀବନ ହେବ ସଫଳ ।
ଅଭିଷେକ ମନ୍ତ୍ର ପୂଜା ଓ ଆଳତି ସବୁତ ଦେଖିବି ମୁହିଁ
ନିତ୍ୟ ସେବା ତୋର ଯାହାତ ହୁଅଇ ରତନ ବେଦୀରେ ରହି ।
ସୁନା କୂପ କହେ ରଖିଛି କାଳିଆ ତୋ ପାଇଁରେ ମୁହିଁ ଜଳ
ଶହେ ଆଠ ଗରା ଜଳ ଦେଇ ତୋତେ ହେବିରେ ମୁହିଁ ସଫଳ ।
ପହଣ୍ଡିର ଅନ୍ତେ କହ୍ନେଇରେ ମୋର ଯେବେ ତୁହି ଥକିଯିବୁ
ମୋ ଜଳେ ସ୍ନାହାନ କରିରେ କାଳିଆ ଥକା ତୁହି ମେଣ୍ଟାଇବୁ ।
ପୂଜାପଣ୍ଡା କହେ ଦଇତା ସେବିବେ ସାଆନ୍ତେ ତୁ ଏବେ ମୋର
ବଡ଼ଖିଆ ପୁଣି ଫଳ ମୂଳ ଖାଇ ରହିବେ ସତେକି ମୋର ।
ରାଘବ ଦାସ ଯେ ଟାହିଆକୁ ତୋର ଫୁଲରେ ଯେ ସଜାଇଛି
କାଳିଆ ମୁଣ୍ଡରେ ସୁନ୍ଦର ଦିଶିବ ସତେକି ଲାଗିପଡ଼ିଛି ।
ସ୍ନାନଯାତ୍ରା ପାଇଁ ଭକତେ ତୋହର କଲେଣିରେ କୋଳାହଳ
ବଡ଼ଦାଣ୍ଡେ ଭିଡ଼ ହେବରେ କାଳିଆ ଦର୍ଶନ କରିବେ ତୋର ।
ସିଂହ ଦୁଆରରୁ ଉତ୍ତର ଦୁଆର ବାଟ ତ ଜଗି ବସିଛି
ଭକତେ ଦର୍ଶନ କରିବାକୁ ତୋତେ ବାଟ ଯେ ଖୋଲା ପଡ଼ିଛି ।
କି କରିବି ମୁହିଁ ଭାବୁଛି କାଳିଆ ଭାବରେ ବାନ୍ଧିଛୁ ମୋତେ
ତୋର ସ୍ନାନ ଯାତ୍ରା ଦେଖିବି ଦିନେରେ ସୁଦୟା କରିବୁ ସତେ ।

୨୮ ଜୁନ ୨୦୧୮
(ସ୍ନାନ ପୂର୍ଣ୍ଣିମା ଅବସରରେ)

କପଟିଆ ସର୍ବେ କହନ୍ତି ଜଗତେ କାହ୍ନାକୁ ମୋର
ନିଷ୍କପଟ ଆହା ଦେଖଲୋ ତାର ମନ ଅନ୍ତର ।
ରସିକ ପଣରେ ଦିନେ ମୋ କାହ୍ନା କଦମ୍ବ ଡାଳେ
ଲୁଚିକି ଗୋପୀଙ୍କୁ ଦେଖିଲା ତାଙ୍କ ସ୍ନାହାନ ବେଳେ ।
ଗୋପୀମାନେ ମିଳି ବୋଲନ୍ତି ମୋର କଳା କାହ୍ନୁକୁ
ରସିକ ନାଗର କହ୍ନେଇ ହଟ କଲୁ ଆମକୁ ।
ଲୁଚିକରି ଆଜ ଦେଖିଲୁ ତୁହି ଆମ୍ଭ ସ୍ନାହାନ
ତୋ ସ୍ନାନ ଏକଦା ଦେଖିବେ ତହିଁ ଜଗତଜନ ।
ତଥାସ୍ତୁ ବୋଲି ତ କହିଲା ହସି ରଙ୍ଗ ଅଧରେ
ସ୍ନାନ ମଣ୍ଡପରେ ସ୍ନାହାନ କଲା ସ୍ନାନ ଯାତ୍ରାରେ ।
ଟିକିଏ ଭକତି ଶରଧା କଲେ କଳା କାହ୍ନୁକୁ
ଭୁଲିଯାଇ ତା ବଡ଼ପଣ ଶୁଣେ ତା ଭକତଙ୍କୁ ।
ଧନ୍ୟ ଗୋପୀ ପ୍ରେମ ତୋହର ଧନ୍ୟ ଗୋପୀଙ୍କ ଲୀଳା
ସ୍ନାନ ମଣ୍ଡପେ ନିତ୍ୟ କର୍ମ ଅବକାଶ ହୋଇଲା ।
ତୋର ଦରଶନ ଜଗତ ଜନ ସ୍ନାନବେଦୀରେ
ଦେଖି ଧନ୍ୟ ଧନ୍ୟ ହୋଇଲେ ସ୍ନାନ ପୁରୁଣିମାରେ ।
ଧନ୍ୟ ତୁହି ଆରେ କାଳିଆ ଧନ୍ୟ ତୋହରି ଲୀଳା
ଅନାଥର ନାଥ ତୁହିରେ ଧନ୍ୟ ତୁ ଚକାଡୋଳା ।
ଭକତର ବନ୍ଧୁ ବୋଲାଉ ଭୁଲି ତୋ ବଡ଼ ପଣ
ଏମିତି ଜଗତେ ଏକା ତୁ ଭକତ ଭଗବାନ ।
ଜଗତ ଉଦ୍ଧାର ପାଇଁ ଯେ ତୁହି କରି କରାଉ
ଭକତ ସୁଖରେ ତୁ ପୁଣି ସୁଖ ଯେ ପାଉଥାଉ ।

୨୯ ଜୁନ ୨୦୧୮

(ସ୍ନାନ ପୂର୍ଣ୍ଣିମା ଅବସରରେ/ ଗଜାନନ ବେଶ)

ଗଜାନନ ବେଶ ହୋଇଛି କାଳିଆ ଦେଖଲୋ ସ୍ନାନ ମଣ୍ଡପେ
ଜଳେ ସ୍ନାନ ସାରି ସ୍ନାନ ମଣ୍ଡପରେ ସଜ୍ଜିତ ଦେଖ ସରବେ ।
ତୋର ଲୀଳା ଖେଳା ଏତେ ଯେ ବିସ୍ତୃତ ନାହିଁ ତାର ଆଦିଅନ୍ତ
କିମ୍ବଦନ୍ତୀ ପୁଣି ତୋନାମେ ଅନେକ ନ ଲେଖିପାରେ କେ ଗ୍ରନ୍ଥ ।
ଗଣପତି ଭଟ୍ଟ ନାମକ ଜନୈକ ବିଶିଷ୍ଟ ବ୍ରାହ୍ମଣ ଏକ
ମହାରାଷ୍ଟ୍ରରୁ ଯେ ଆସିଥିଲେ ଧାଇଁ ଦେଖିବାକୁ ଜଗନ୍ନାଥ ।
ମହାଗାଣପତ୍ୟ ସମ୍ପ୍ରଦାୟର ସେ ଥିଲେ ଗଣପତି ଭକ୍ତ
ସ୍ନାନ ମଣ୍ଡପରେ ଚତୁର୍ଦ୍ଧା ମୂରତୀ ଦେଖିହେଲେ ମର୍ମାହତ ।
ଦାରୁବିଗ୍ରହଙ୍କୁ ଦରଶନ କରି ଗଜ ରୂପରେ ନ ଦେଖି
ମାନିବାକୁ ସେ ଯେ ଅସ୍ୱୀକାର କଲେ ପରଂବ୍ରହ୍ମ ଇଏ ବୋଲି ।
କ୍ଷୁବ୍ଧ ହୋଇ ଭକ୍ତ ମନ୍ଦିର ତେ୍ୟଜିଲେ ଗଲେ ଫେରି ମନ୍ଦିରରୁ
ମନ ମୋହନ ମୋ କାଳିଆ ସାଆନ୍ତ ଅଛପା କିବା ତା ଠାରୁ ।
ଭକତର ମନ ଭକତିର ଦାନ ବୁଝି ପାରି ନାରାୟଣ
ଠାକୁରେ ଭକ୍ତଙ୍କ ଇଷ୍ଟ ଗଣପତି ରୂପ କରିଲେ ଧାରଣ ।
ଭକତଙ୍କୁ ପୁଣି ଆଣିଲେ ଫେରାଇ ତାଙ୍କର ଆଦେଶ ଦେଇ
ଏ ପରା କାଳିଆ ସବୁ କରିପାରେ ଭକ୍ତ ମନୋବାଞ୍ଛା ପାଇଁ ।
ଧବଳ ରୂପରେ ବଳଭଦ୍ର ପୁଣି କଳାରୂପେ ଜଗନ୍ନାଥ
ଭକ୍ତ ଗଣପତି ଦେଖି ଏହି ରୂପେ ହେଲେ ଯୋଡ଼େ ନତମସ୍ତ ।
ଗଣପତି ଭଟ୍ଟ ଏହି ରୂପ ଦେଖି ହୋଇ ଭକତି ବିଭୋର
ସାଷ୍ଟାଙ୍ଗେ ପ୍ରଣାମ କରି ଭକତିରେ ପୂଜିଲେ ପାଦ ପୟର ।
ଭକତର ପ୍ରେମେ ଜଗନ୍ନାଥ ମୋର ଜଗତର ନାଥ ହୋଇ
ଗଜାନନ ବେଶେ ସ୍ନାନ ମଣ୍ଡପରେ ବସେ ହାତୀବେଶ ହୋଇ ।

୩୦ ଜୁନ ୨୦୧୮
(ସ୍ନାନ ପୂର୍ଣ୍ଣିମାରେ ଅଣସର)

ସ୍ନାନ ମଣ୍ଡପରେ ସ୍ନାହାନ କରିଲା ସୁବାସ ଶୀତଳ ଜଳେ
ଓଦା ବସନରେ ବସି ଯେ ରହିଲା ଜଗତଜନଙ୍କ ମେଳେ ।
ଓଦାଲୁଗା ସତେ ବଦଳେଇବାକୁ ହୋଇଗଲା ଟିକେ ଡେରି
କଳାମାଣିକର ଲବଣୀ ପିଣ୍ଡୁଳା ଦେହ ତା ଯିବଣି ଥରି ।
ରତନ ବେଦୀକୁ ନ ଆସି କାହିଁକି ଗଲା ଅଣସର ଘର
ସ୍ନାନ ବେଦୀରେ ମୋ ଧନ କି ଗାଧୋଇ ହୋଇଲା କି ତାକୁ ଜର ।
ପଚାରଲୋ ଟିକେ ଦଇତାଙ୍କୁ ଯାଇ ମୋ କାହ୍ନା କେମିତି ଅଛି
ଜଳ ସ୍ନାନ କରି ଥଣ୍ଡା ଲାଗିଯାଇ ଦେହ କି ବଥା ହୋଇଛି ।
ଦଇତାଙ୍କୁ ଥରେ ପଚାର କାଳିଆ ଜର କମିଲାକି ନାହିଁ
ଭଲ ନଥିଲେ ତ କାଳିଆର ଦେହ କିଛି ସେ ଖାଇବ ନାହିଁ ।
ପଥିଟିକେ ଦିଅ ଧନକୁ ମୋହର ଦେହ ବ୍ୟଥା କମିଯିବ
ଖୁଆ କାଳିଆକୁ କ୍ଷୀର ସର ମହୁ ଦେହ ଉପଶମ ହେବ ।
ଖାଲି ପଡ଼ିଛି ତ ରତନବେଦୀ ଲୋ ଅଣସର ଘରେ ଧନ
ପଚାର ଟିକିଏ ଦଇତାଙ୍କୁ ପୁଣି ଖବର ଦେବେ ବହନ ।
ବଡ଼ଖିଆ ମୋର ଷାଠିଏ ପଉଟି ଖାଉନି ଛପନ ଭୋଗ
ଫଳମୂଳ ପଣା ଖାଇ କାଳିଆର ଭୋକ ସତେ ମେଣ୍ଟୁଥିବ ।

✦✦✦

୩୬ | ଡ. ଜୟଶ୍ରୀ ନନ୍ଦ

ଅଞ୍ଜଳି
ଜୁଲାଇ ୨୦୧୮

୦୧ ଜୁଲାଇ ୨୦୧୮
(ପଟ୍ଟି ଦିଅଁ)

ଅଣସର ଘରେ ଠାକୁରେ ରହିଲେ ହୋଇଛି ତାଙ୍କୁ ତ ଜର
ଭକତ ବାଇଆ ହେଲେଣି ସବୁ ଯେ ଦର୍ଶନ ହୋଇଲା ଦୂର ।
ଅଣସର ଘର ଆଗରେ ଲାଗିଛି ବାଉଁଶ ତିଆରି ପଟି
ତା ଉପରେ ଦେଖ ବନ୍ଧା ହୋଇଅଛି ପଟ୍ଟଚିତ୍ର ତିନି ଗୋଟି ।
ଆଜ୍ଞା ନାରାୟଣ ରୂପେ ଜଗନ୍ନାଥ ବଳଭଦ୍ର ବସୁଦବ
ମାତା ସୁଭଦ୍ରା ଯେ ଭୁବନେଶ୍ୱରୀ ପୂଜା ପାଉଥିବେ ଏବେ ।
ପଟ୍ଟଚିତ୍ର ବୋଲି ପଟ୍ଟି ଦିଅଁ ନାମ ଭକତ ଜନେ କହନ୍ତି
ପଟ୍ଟିଦିଅଙ୍କ ଯେ ଦରଶନ କରି ମନରେ ଶାନ୍ତି ଲଭନ୍ତି ।
କାଳିଆ ମୋହର ପିନ୍ଧୁନାହିଁ ଏବେ ତୁଳସୀ ଦୟଣା ମାଳ
ଅଣସର ଘରେ କେମିତି ଅଛି ଯେ ପଚାର ଟିକେ ସହଳ ।

୦୨ ଜୁଲାଇ ୨୦୧୮
ଅଲାରନାଥ ଦର୍ଶନ

ଭାବଗ୍ରାହୀ ନାମ ବହି ଅଛ ତୁମେ ଭକତର ଭାବେ ରହି
ଯଜ୍ଞ କି ଆଳତି ପୂଜା କି ଭକତି ମୋ ପାଖେ କିଛି ତ ନାହିଁ ।
ନା ମୁଁ ଅଟେ ପ୍ରଭୁ ଭକ୍ତ ସାଲବେଗ ନା ଅଟେ ଚୈତନ୍ୟ ଦେବ
ଯାହା ପାଇଁ ତୁମେ ଅଣଚାଶ କୋଷେ ଅନ୍ୟସ୍ଥାନେ ଦେଖାଦେବ ।
ଶ୍ରୀକ୍ଷେତ୍ରରେ ଥିଲେ ଚୈତନ୍ୟ ମହାପ୍ରଭୁ ରହଣୀକାଳେ ତାଙ୍କର
ସବୁଦିନ ଯାଇ ବଡ଼ ମନ୍ଦିରକୁ ଦର୍ଶନ କରି ତୁମର ।
ସ୍ନାନ ପୂର୍ଣ୍ଣମୀର ପରଦିନ ଠାରୁ ଅଣସରେ ଚଉଦ ଦିନ
ଦିଅଁଙ୍କ ଦର୍ଶନ କରି ନପାରି ଯେ କରିଲେ ଦୁଃଖେ ରୋଦନ ।
ଆହେ ଜଗନ୍ନାଥ ତୁମକୁ ନ ଦେଖି କେମିତି କାଟିବି ଦିନ
କେମିତି ରହିବି ଶ୍ରୀମୁଖ ନ ଦେଖି ସତେ ମୁଁ ଚଉଦ ଦିନ ।
ଜଗନ୍ନାଥ ଶୁଣି ଭକତ ଗୁହାରି ନିର୍ଦ୍ଦେଶ ଦେଲେ ତାଙ୍କର
ଅଲାରନାଥ ରୂପେ ବ୍ରହ୍ମଗିରୀ ଠାରେ ଦର୍ଶନ କରିବ ମୋର ।
ଚଇତନ୍ୟ ଦେବ ବ୍ରହ୍ମଗିରୀ ଯାଇ ପ୍ରଭୁଙ୍କ ଦର୍ଶନ କଲେ
ଦରଶନ କରି ଅଲାରନାଥଙ୍କୁ ମନରେ ଶାନ୍ତି ଲଭିଲେ ।

ସେହିଦିନ ଠାରୁ ଅଣସର ଘରେ ଠାକୁରେ ରହନ୍ତି ଯେବେ
ସେ ଚଉଦ ଦିନ ଅଲାରନାଥଙ୍କୁ ଦର୍ଶନ କରନ୍ତି ସର୍ବେ ।
ସେ ପାଇଁ କହନ୍ତି କାଳିଆ ଠାକୁର ଅଟଇ ଭକ୍ତ ବାନ୍ଧବ
ଭକତି ଅନ୍ତରେ ଡାକିଲେ ତାହାଙ୍କୁ ଦରଶନ ଲାଭ ହେବ ।

୦୩ ଜୁଲାଇ ୨୦୧୮

(ଜଗନ୍ନାଥଙ୍କ ଦେହରେ ମହୌଷଧି ତୈଳ ଲାଗି ପଞ୍ଚମ ଦିନ ଅଣସର ଘରେ)

ପାଞ୍ଚ ଦିନ ଆଜ ହୋଇଲା କାଳିଆ ଅଣସର ଘରେ ଅଛି
ମୋ ଧନର ଜର କମିଛି ବୋଲି ଯେ ଖବର ଆଜି ଆସିଛି ।
କହ୍ନେଇର ମୁହଁ ଶୁଖିଯାଇ ଥିବ ଦେହ ତା ଖରାପ ହୋଇ
ଦଇତାଙ୍କୁ ବେଗେ ପଚାରଲୋ ଯାଇ ପଣା ପିଇଛି କି ନାହିଁ ।
ଶ୍ରୀଅଙ୍ଗରେ ତାର ରଙ୍ଗ ବିରଙ୍ଗର ଫୁଲ ଲଗାଇ ନଥିବ
କାଳିଆ ମୋହର ତୁଳସୀ ଦୟଣା ଛାଡ଼ି ପୁଣି ରହିଥିବ ।
ଜର ହେଲା ବୋଲି ଦେହ ମୋ ଧନର ନୁଖୁରା ଯେ ଲାଗୁଥିବ
ଆଜି ମୋ କାହ୍ନା ଯେ ପାଞ୍ଚ ଦିନ ପରେ ଦେହେ ତେଲ ଲଗାଇବ ।
ଦଇତା ମାନେ ଯେ ଖବର ଦେବେଣି ବଡ଼ ଓଡ଼ିଆ ମଠକୁ
ମହୌଷଧି ତୈଳ ସଜ କରିଦେବେଗେ ଆଣିଆସ ମନ୍ଦିରକୁ ।
ସେ ତୈଳର ନାମ ଫୁଲୁରୀ ତେଲ ଯେ ସଜ କାଳିଆର ପାଇଁ
ବନାଇଛନ୍ତି ତ ମଠ ମହନ୍ତ ଯେ ଅନେକ ଦିନ ଯେ ନେଇ ।
ହେରା ପଞ୍ଚମୀରୁ ରାଶି ତେଲ ସାଥେ ଔଷଧି ସବୁ ମିଶାଇ
ଫୁଲୁରି ତେଲ ଯେ ତିଆରି ହୋଇଛି ଚବିଶ ଉପାଦାନ ନେଇ ।
ଗହ୍ଲାରିପଟଳୀ ନବାତ ଖୁଆଚ ମହୂ ଘିଅ ଯେ ଗୋଖରା
ଏପରି ଅନେକ ଉପାଦାନ ନେଇ ମହୌଷଧି ତୈଳ ପରା ।
ଶ୍ରୀଅଙ୍ଗରୁ ଆଜି ଓଦାଲୁଗା କାଢ଼ି ମଧ୍ୟାହ୍ନ ଧୂପର ପରେ
ଲାଗିହେବ ତୈଳ ଦଇତାଙ୍କ ହାତେ ମୋ କାଳିଆ ଶ୍ରୀଅଙ୍ଗରେ ।
ମହୌଷଧି ତୈଳ ଶ୍ରୀଅଙ୍ଗେ ଲଗାଇ ଦେହତା ସୁସ୍ଥ ଲାଗିବ
ସୁସ୍ଥ ହେଲେ ପୁଣି କାଳିଆ ରାଜା ମୋ ଜଗତ କଥା ବୁଝିବ ।
ଅଛି ସିନା କଳା ସାଆନ୍ତ ମୋହର ଅଣସର ଘରେ ରହି
ଜର ହେଲା ବୋଲି ଦଇତା ସେବନ୍ତି ଅଣସର ପଣା ଦେଇ ।

ଜଗତର କର୍ତ୍ତା   ଜଗତର ପିତା   ଜଗତ ଚିନ୍ତା ଯେ ତାର
ଅଣସରେ ପୁଣି   ଅସୁସ୍ଥ ଦେହରେ   ବୁଝେ ମନ ଜଗତର ।
ଧନ୍ୟ ତୋର ଲୀଳା   ଧନ୍ୟ ତୋର କଳା   ଧନ୍ୟ ମୋର ଜଗନ୍ନାଥ
ଏମିତି ତୋ କଳା   ଲଗାଇଛୁ ତୁହି   ଝୁରୁଛି ଦିବସ ରାତ୍ର ।

୦୪ ଜୁଲାଇ ୨୦୧୮
(ଅଲାରନାଥଙ୍କ ଖିରି ଖିଆ କଥା ଓ ବାଳକ ଭକ୍ତ ମଧୁ)

କଳା କହ୍ନେଇ ତ   ଜଗତର ନାଥ   ଜଗନ୍ନାଥ ନାମେ ଖ୍ୟାତ
କିଏ ଅବା ତୋର   ଲୀଳା ବଖାଣିବ   କାହିଁ ତୋର ଆଦିଅନ୍ତ ।
କେତେ କିମ୍ବଦନ୍ତୀ   ଗ୍ରନ୍ଥ କି ପୁରାଣ   ଗୀତା ଭାଗବତ ଆଦି
ଭଜନ ଜଣାଣ   ଗୀତ ସଂକୀର୍ତ୍ତନ   କଥା ତୋର ଅସରନ୍ତି ।
ଅଣସର ଘରେ   କାଳିଆ ରହିଲେ   ଝୁରନ୍ତି ଭକତ ତାଙ୍କୁ
କାଳିଆ ରୂପରେ   ଦର୍ଶନ କରନ୍ତି   ବ୍ରହ୍ମଗିରି ଅଲାରଙ୍କୁ ।
ସେମିତି ଗୋଟିଏ   କିମ୍ବଦନ୍ତୀ ଅଛି   ମଧୁ ଭକତର ନାମେ
ଅଜ୍ଞାନ ବାଳକ   ଖିରି ଖୋଇଥିଲା   ଅଲାରନାଥଙ୍କୁ ଦିନେ ।
ଶ୍ରୀକେତନ ନାମେ   ବ୍ରାହ୍ମଣ ପୂଜକ   ପୂଜୁଥିଲେ ଅଲାରଙ୍କୁ
ଗ୍ରାମ ଗ୍ରାମ ବୁଲି   ଭିକ୍ଷା ମାଗିକରି   ଭୋଗ ପରଶି ପ୍ରଭୁଙ୍କୁ ।
ସେ ପ୍ରସାଦ ଖାଇ   ସପରିବାର ଯେ   ମେଣ୍ଟାନ୍ତି ଭୋକ ତାଙ୍କର
ଭିକ୍ଷା ପାଇଁ ପୁଣି   ଯାଆନ୍ତି ଦୂରକୁ   ରହନ୍ତି ଘରଠୁ ଦୂର ।
ମଧୁ ନାମେ ଏକ   ପୁଅ ଯେ ତାଙ୍କର   ଗଲାବେଳେ ଦୂର ଗାଁକୁ
କହିଲେ ବ୍ରାହ୍ମଣ   ପୁଅଙ୍କୁ ତାଙ୍କର   ଭୋଗ ଦେବୁ ଅଲାରଙ୍କୁ ।
ମଧୁ କହେ ପିତା   ନ ଜାଣଇ କିଛି   ପୂଜା ମନ୍ତ୍ର ଆଦି ମୁହିଁ
କେମିତି ପୂଜିବି   ଅଲାରଙ୍କୁ ମୁହିଁ   ସତେ ଭୋଗ ଦେବେ ଖାଇ ।
ପିତା ନଥିବାରୁ   ମଧୁ ଭୋଗ ନେଇ   ରଖି ଅଲାରଙ୍କ ଆଗେ
କହେ ହେ ଅଲାର   ଖାଇଦେବ ଭୋଗ   ଖେଳି ମୁଁ ଆସୁଛି ବେଗେ ।
ଖେଳସାରି ମଧୁ   ଆସି ମନ୍ଦିରରେ   ଦେଖେ ଭୋଗ ହାଣ୍ଡି ଖିରି
କହେ ହେ ଅଲାର   କାହିଁ ଖାଇ ନାହିଁ   ପିତାଦେବେ ମୋତେ ଗାଳି ।
ଖାଇଦେବ ପ୍ରଭୁ   କହିଦେଇ ମଧୁ   ଦଣ୍ଡେ ଯାଇ ଖେଳିଆସେ
ପୁଣି ଦେଖିଖିରି   ସେମିତି ଯେ ଅଛି   କାନ୍ଦି ଅଲାରଙ୍କ ପାଖେ ।

ପିତା କହିଛନ୍ତି   ବାରେ ବାରେ ମୋତେ ଭୋଗ ଅଲାରଙ୍କୁ ଦେବୁ
ଭୋଗ ଦେଲି ମୁହିଁ   କାହିଁକି ଖାଉନା   କହିବା ପରେ ବି ପ୍ରଭୁ ।
ଏମିତି କହିକି   ଅଜ୍ଞାନ ବାଳକ   ସମର୍ପି ଭୋଗ ପ୍ରଭୁଙ୍କୁ
ନିବେଦନ କରେ   ମନ ଅନ୍ତରରେ   ହାଣ୍ଡିଖିରି ଖାଇବାକୁ ।
ସେତ ଭକତର   ଭକତ ତାଙ୍କର   ଭକ୍ତି ନିବେଦନ ଶୁଣି
ମଧୁ ହାତ ଭୋଗ   ଖିରିଖାଇ ପ୍ରଭୁ   ଚାଲିଗଲେ ସେଇକ୍ଷଣି ।
ଏମିତି ତ ଦିନ   ଦୁଇ ଦିନ ହେଲା   ଅଲାର ଖାଇଲେ ଖିରି
ମାଆ ପଚାରନ୍ତି   ଖାଲି ହାଣ୍ଡି ଦେଖି   ମଧୁ କାହିଁଗଲା ଖିରି ।
ମଧୁ କହେ ଅତି   ହରଷ ମନରେ   ଖିରି ଖାଇଲେ ଅଲାର
ଭୋଗଦେବି ବୋଲି   ଅଲାରଙ୍କୁ ଦେଲ   ଏବେ କାହିଁକି ପଚାର ।
ମା ଶୁଣି ଖିରି   ଅଲାର ଖାଇଲେ   ଚିନ୍ତା ମନରେ କରନ୍ତି
କିଛି ନାହିଁ ଘରେ   ପ୍ରସାଦ ବି ନାହିଁ   ଉପାସ ପେଟେ ଶୁଅନ୍ତି ।
ଶ୍ରୀକେତନ ଫେରି   ସୁଦୂର ଗାଆଁରୁ   ପତ୍ନୀଠୁ ସବୁ ଶୁଣିଲେ
ବିଶ୍ୱାସ ହେଲାନି   ସତ ଅବା ମିଛ   ଅଲାର ଖିରି ଖାଇଲେ ।
ଦେଖିବି ଆଜି ମୁଁ   ଅଲାରଙ୍କୁ ଛପି   ଖିରି ସତରେ ଖାଇଲେ
ଅନେକ ଦିନରୁ   ପୂଜୁଛି ତାଙ୍କୁ ମୁଁ   ମଧୁ ହାତୁ ଭୋଗ କଲେ ।
ପରଦିନ ପୁଣି   ସକାଳୁ ମଧୁ ଯେ   ଖିରି ହାଣ୍ଡି ନେଇଗଲା
ଅଲାରଙ୍କ ଆଗେ   ଖିରି ଭୋଗଦେଇ   ଖେଳିବାକୁ ଚାଲିଗଲା ।
ଅଲାରନାଥ ଯେ   ଆନନ୍ଦେ ହାଣ୍ଡିରୁ   ଖିରି ହାତରେ ଖାଇଲେ
ଶ୍ରୀକେତନ ଲୁଚି   ସପତ୍ନୀକ ସେଠି   ଲୁଚିସବୁ ଦେଖୁଥିଲେ ।
ଧାଇଁ ଶ୍ରୀକେତନ   ପ୍ରଭୁଙ୍କ ହାତକୁ   ତକ୍ଷଣେ ଯାଇ ଧରିଲେ
ହାତଧରି ପୁଣି   ଅଲାରଙ୍କୁ ଏକ   କଥା ଯେ ପଚାରିଥିଲେ ।
ଏତେ ଦିନୁ ମୁହିଁ   ପୂଜିଛି ତୁମକୁ   ମୋ ହାତରୁ ନ ଖାଇଲ
ପୁଅର ହାତରେ   ଭୋଗ ଖାଇ ସତେ   ମନରେ ସନ୍ତୁଷ୍ଟ ହେଲ ।
ଅଲାର କହନ୍ତି   ଅତିପ୍ରେମେ ମଧୁ   ଆନନ୍ଦେ ସମର୍ପେ ଭୋଗ
ତୁମେ ଭୋଗ ଦେଇ   ଭାବୁଥାଅ ମନେ   ମେଣ୍ଟାଇବାକୁ ତ ଭୋକ ।
ନିଃସ୍ୱାର୍ଥ ମନରେ   ନିଷ୍ପାପ ଅନ୍ତରେ   ଶ୍ରଦ୍ଧାରେ ଯିଏ ଯା ଦିଏ
ଶାଗ ମୁଗ ଅବା   ନଡ଼ିଆ କି ଖିରି   ଖାଇବାକୁ ଭଲପାଏ ।

ସେଇଦିନ ଠାରୁ ବାଳକ ମଧୁ ଯେ ବଡ଼ ଭକ୍ତ ବୋଲାଇଲା
ଅଲାରଙ୍କ ପ୍ରିୟ ଖିରି ବୋଲି ପରା ସାରା ଜଗତ ଜାଣିଲା ।
ଗରମ ଖିରି ଯେ ଅଲାରଙ୍କ ଦେହେ ଦାଗ କେତୋଟି କରିଛି
ପୂଜକ ଆଜି ବି ଦେଖାନ୍ତି ଭକ୍ତଙ୍କୁ ସେ ଦାଗ ଆଜି ବି ଅଛି ।

୦୫ ଜୁଲାଇ ୨୦୧୮

ମନ ମୋହନରେ ମନ ପଢ଼ିପାରୁ କହେ କି ନ କହେ କିଛି
ନ ମାଗି ତୋତେରେ କିଛି ଜୀବନରେ ସବୁତ ଭରି ପାଇଛି ।
ଛୋଟ ବସାଟିଏ ଗଢ଼ିଛି ଧନରେ ତୋହରି କୃପା ଡାଳରେ
କେବେ ହଲିଯାଏ କେବେ ଭିଜିଯାଏ ପବନ ଅବା ବର୍ଷାରେ ।
ହେଲେ କୃପାଡାଳ ତୋ କୃପାରେ ଗଢ଼ା ଆଜିବି ବାନ୍ଧି ରଖିଛି
ମୋ କରମ ଫଳ ମୋ କର୍ମ ଜଞ୍ଜାଳେ କେବେ ତ ଖରା ସହୁଛି ।
ଏମିତି ତୋ କୃପା ତୋର କୃପାଦୃଷ୍ଟି ଏ ବସା ଉପରେ ଥାଉ
ଦୁଃଖ ଅବା ସୁଖ ଖରା ଅବା ଛାଇ ତୋ ପାଦ ପୟରେ ରହୁ ।

୦୬ ଜୁଲାଇ ୨୦୧୮

ତୋ ସେବାଠୁ ବଡ଼ କଳାସାଆନ୍ତରେ କିଛି ନାହିଁ ଏ ସଂସାରେ
ତୋ ନାମ ଚିନ୍ତନ ତୋ ନାମ ଶ୍ରବଣ ଶ୍ରେଷ୍ଠ ଏହି ଦୁନିଆରେ ।
ରାଜ ଉଆସ ମୋ କି ହେବ କାଳିଆ ଶାନ୍ତି ମିଳେ ବଡ଼ଦାଣ୍ଡେ
ଚତୁଃତୀର୍ଥ ଯିବା ଲୋଡ଼ା ନାହିଁ ମୋର ତୋ ନାମ ଥିଲେ ମୋ ତୁଣ୍ଡେ ।
ଯେତେ ଯିଏ ଥିଲେ ଆପଣା ମୋହର ମନ କହେ ତୁ ନିଜର
ସମସ୍ତେ ଖୋଜନ୍ତି ନିଜ ସ୍ୱାର୍ଥେ ମୋତେ ତୁ ସାହା ଦୁଃଖ ବେଳର ।
ତୋ ଛପନ ଭୋଗ ମିଳୁ କି ନ ମିଳୁ ତୋ ନିର୍ମାଲ୍ୟ ମିଳୁଥାଉ
ଜୀବ ଗଲାବେଳେ ଶେଷ ଇଚ୍ଛା ମୋର ତୋ ଛଡ଼ା ତୁଳସୀ ପାଉ ।

୦୭ ଜୁଲାଇ ୨୦୧୮

ଜାଣିନି କାଳିଆ କି ରଙ୍ଗ ଲଗାଇ ବାଇଆ କରିଛୁ ମୋତେ
ଭାବରେ ହେଉକି ଅଭାବରେ ହେଉ ତୋ ଭାବେ ବାନ୍ଧିଛୁ ସତେ ।
ଦୁଃଖରେ ହେଉକି ସୁଖ ବା ସମ୍ପଦେ ବିପଦେ ଆପଦେ ଆଗେ
ଅନ୍ୟ କାହାକୁ ମୁଁ ଭୁଲିଯାଏ ସିନା ତୋ କଥା ଆଗେ ମୁଁ ଭାବେ ।

ନିରାଶ ଜୀବନେ ଆଶାବାଡ଼ି ତୁହି କଢ଼ାଇ ନେଉରେ ବାଟ
ପିତା ପରି ତୁହି କେଉଁ ରୂପ ନେଇ ଆଡ଼େଇ ଦେଉ ସଙ୍କଟ ।
କେବେ ଭ୍ରାତା ପଣେ ଠିଆ ହୋଇଯାଉ ନିର୍ବଳକୁ ଦେଉ ବଳ
କିଛି ନାହିଁ ଆଉ କେହି ନଥିଲେ ବି ତୁ ଏକା ମୋର ସମ୍ବଳ ।
ଶୂନ୍ୟ ଏ ଜୀବନେ ତୋ ଲାଗି ମୁଁ ପୂର୍ଣ୍ଣ ତୋର କୃପାହାତ ପାଇଁ
ତୋର କୃପାଦୃଷ୍ଟି ଲୋଡ଼େ ଏ ଜୀବନ ଆହା ମୋର ଭାବଗ୍ରାହୀ ।

୦୮ ଜୁଲାଇ ୨୦୧୮

ବିଶ୍ୱାସେ ମିଳଇ ତୁହି ତର୍କେ ବହୁଦୂରେ
ଦେଖି ଦେଖାଇ ହୁଏନି ଅନୁଭବ କରେ ।
ଦୁଃଖେ ଯେବେ ଅସରନ୍ତି ଲୁହ ବହୁଥାଏ
କେମିତି ମଳୟ ଆସି ଲୁହ ଶୁଖିଯାଏ ।
ସେ ଶୀତଳ ମଳୟକୁ କିବା ଧରିହୁଏ
ନା ତାକୁ କି ଦେଖି ହୁଏ ଅବା ବାନ୍ଧି ହୁଏ ।
ସେ ମଳୟ ପରଶତ ଅନୁଭବ ମୋର
ଆଉ କେହି ନୁହେଁ ସେତ ମୋ କଳା ଠାକୁର ।
ବାଟ ଛାଡ଼ି ଅବାଟରେ ଯିବାର ଆଗରୁ
ଭୁଲ କରି ଅବା କଷ୍ଟ ପାଇବା ଆଗରୁ
କେମିତି ଯେ ସେ ଅବାଟ ବନ୍ଦ ହୋଇଯାଏ
କିଏ ପୁଣି ସତ ବାଟେ କଢ଼ାଇ ଯେ ନିଏ ।
ପଛେ ମନ ଅନୁଭବ କରଇ ଅନ୍ତରେ
ଏମିତି କରିପାରଇ କଳାସାଆନ୍ତରେ ।

୦୯ ଜୁଲାଇ ୨୦୧୮
(ଦଶମୂଳ ମୋଦକ/ମହୌଷଧି ଠାକୁରଙ୍କୁ ଅର୍ପଣ କରାଯାଏ ଏକାଦଶୀ ଦିନ)

ସ୍ନାନ ପୂନେଇରୁ ଏକାଦଶୀ ଆଜି ହେଲାଣି ଏଗାର ଦିନ
ଅଣସର ଘରେ ମୋ କହ୍ନେଇ ଅଛି କୋଉଁଠି ଲାଗୁନି ମନ ।
ଭକତ ବାଇଆ ମୋ କଳା କହ୍ନେଇ ଭକତ ପ୍ରେମରେ ପଡ଼ି

ସ୍ନାନ ବେଦୀ ପରେ	ସ୍ନାନ କରି ଦେଖ	ଅଛି ତ ଜରରେ ପଡ଼ି ।
ଏ ମୋର କହ୍ନେଇ	ଜଗତ କରତା	ଯା ଲାଗି ଜଗତସାରା
ତା ପାଇଁ ତ ଦେଖ	ଅନେକ ସେବକ	ଲାଗିଛନ୍ତି ସତେ ପରା ।
ରାଜବୈଦ୍ୟ ଅତି	ନିଷ୍ଠାର ସହିତ	ବନାନ୍ତି ଯେ ମହୌଷଧି
ନାନା ଚେରମୂଳି	ଏକତ୍ରିତ କରି	ଲାଗିଛନ୍ତି ଅଦ୍ୟାବଧି ।
ଗମ୍ଭାରୀପଟଳୀ	ଖୁଆ ଅଙ୍କରାନ୍ତି	ଛେଲି ଚେରମୂଳ ଆଦି
ନାନା ବିଧିମତେ	ତିଆରି କଲେଣି	ଦଶମୂଳ ମହୌଷଧି ।
ନୂଆ କାଠଚୂଲି	ତିଆରି ହେଲାଣି	ଗଢ଼ିବେ ଏବେ ମୋଦକ
ଚେରମୂଳି ସହ	ସର ମହୁ ଘିଅ	ମିଶାଇ କରିବେ ପାଗ ।
କାଳିଆ ରାଜାର	ସେବାର ନିମିତ୍ତ	ରାଜବୈଦ୍ୟଛନ୍ତି ଲାଗି
ଖୁଆ ଓ ଶର୍କରା	ଭାଙ୍ଗ ବି ପକାଇ	ଗଢ଼ିଲେଣି ମହୌଷଧି ।
ସେ ମୋଦକ ସବୁ	ରାଜବୈଦ୍ୟ ନେଇ	ତାଳପତ୍ର ଭୋଗେଇରେ
ଅତି ବିଧିମତେ	ଦେବେ ଶ୍ରୀମନ୍ଦିରେ	କର୍ପୂର ଦେଇ ଉପରେ ।
ମୋଦକ ଗଢ଼ିବେ	ଚେର ମୂଳି ଦେଇ	କାଳିଆ ହୋଇବ ସୁସ୍ଥ
ଦଶମୂଳ ମୋଦକ	ଖାଇଲେ କାଳିଆ	କଟିବ ଯେ ଦେହ କଷ୍ଟ ।
ଘଟୁଆରୀ ସେବକ	ଘରୁ ଆସଥିବ	ଚନ୍ଦନ କାଳିଆ ପାଇଁ
ଦଇତା ଲଗାନ୍ତି	କାଳିଆ ଶ୍ରୀଅଙ୍ଗେ	କର୍ପୂର କେଶର ଦେଇ ।
ପଚ୍ଛିଦିଅଙ୍କର	ସନ୍ଧ୍ୟାଧୂପ ପରେ	ଚନ୍ଦନ ଲାଗି ଯେ ହେବ
ଦଇତାଙ୍କ ହାତେ	କାଳିଆ ଶ୍ରୀଅଙ୍ଗ	ଅନେକ ସେବା ହୋଇବ ।
ପତିମହାପାତ୍ର	ମହୌଷଧି ଆଗ	ସଂସ୍କାର ବସି କରିବେ
ତାପରେ ଦଇତା	ମହୌଷଧି ନେଇ	କାଳିଆକୁ ଯେ ଅର୍ପିବେ ।
ଏକାଦଶୀ ଦିନ	ମୋଦକ ଅର୍ପଣ	କାଳିଆକୁ କରାଯିବ
ସେ ମୋଦକ ଖାଇ	କାଳିଆ ସାଆନ୍ତ	ଦେହ ଯେ ସୁସ୍ଥ ଲାଗିବ ।
ଏମିତି ଜଗତେ	କେହି ନାହିଁ ଜଣେ	ଯା ନାମ ବଡ଼ ଠାକୁର
କେ କହି ପାରଇ	ତାର ପୂଜା ନୀତି	କେ ଜାଣେ ତାର ଗୁମର ।

୧୦ ଜୁଲାଇ ୨୦୧୮

ଆହେ ଇଚ୍ଛାମୟ ତୁମରି ଇଚ୍ଛାରେ ଯାହାତ ଦେଇଛ ମୋତେ
ଆହେ ଦୟାମୟ ତୁମରି ଦୟାରେ ପାଇଛି ସୁଦୟା ଯେତେ ।
କିଛି ଦେଇ ପୁଣି ଫେରାଇ ନେଇଛ ଦୁଃଖ ବି କରିଛି କେତେ
ପରେ ମୁଁ ବୁଝିଛି ଅଧିକ ଦେଇଛ ଅଳପ ଫେରାଇ ସତେ ।
ଯାହାକୁ ଭାବିଲି ନିଜର ବୋଲି ଯେ ଯିଏ ଥିଲେ ମୋର ରକ୍ତ
ସବୁଠାରୁ ବେଶୀ ଦୁଃଖ ଦେଲେ ମୋତେକଲେ ସିଏ ହନ୍ତସନ୍ତ ।
ଏମିତି ଜୀବନେ ଆସିଲେ ଅନେକ ଯେ ମୋର ରକତ ନୁହେଁ
କାରଣ ତୁ ଜାଣୁ ଜାଣିବି କେମିତି ବାନ୍ଧିଛୁ ତାଙ୍କୁ ସେନେହେଁ ।
ଇଚ୍ଛାମୟ ବୋଲି ନାମ ବହି ଅଛ ତୁମ ଇଚ୍ଛା ଏକା ସାର
ସେ ଇଚ୍ଛାରେ ତୁମେ ଯାହା ଦିଅ ମୋତେ ଶାନ୍ତି ପାଏ ମୋ ଅନ୍ତର ।
ତୁମେ ତ ଜାଣିଛ ଭୂତ ଭବିଷ୍ୟତ ତୁମେ ଜାଣ ବର୍ତ୍ତମାନ
ତୁମରି ଇଚ୍ଛାରେ ଯାହା ଦେବ ପ୍ରଭୁ ସାଦରେ କରେ ଗ୍ରହଣ ।
କିଛି ମାଗିନାହିଁ ଦିଅ ବୋଲି ମୋତେ ତୁଣ୍ଡ ସଦା କହେ ମୋର
ଯାହା ଇଚ୍ଛା ତୁମେ ତୁମରି ଇଚ୍ଛାରେ ଭରିଦିଅ ମୋର ଥାଳ ।
ସକାଳୁ ସୂରୁଜ ଉଦୟର ସାଥେ ଆଖି ଯେବେ ଖୋଲୁ ମୋର
ଆଖି ବୁଲ ତୁମ ଶ୍ରୀମୁଖକୁ ଦେଖୁ ଥରେ ନୁହେଁ ଶତବାର ।
ଯାହା ତୁମ ଇଚ୍ଛା ଆହେ ଜଗନ୍ନାଥ ତୁଣ୍ଡ ବୋଲୁଥାଉ ମୋର
ଏ ଅନାଥ ପାଇଁ ମାତା ପିତା ଭ୍ରାତା ତୁମେ ବନ୍ଧୁ ସହୋଦର ।
ସଞ୍ଜ ସକାଳରେ ତୁମରି ପୟରେ ଏହି ଅଳି ମହାବାହୁ ।
ତୁମରି ଶ୍ରୀମୁଖ ଦେଖୁ ଦେଖୁ ପ୍ରଭୁ ଦିନ ମୋର ବିତିଯାଉ ।

୧୧ ଜୁଲାଇ ୨୦୧୮
(ଅଣସର ରାଜ ପ୍ରାସାଦ ବିଜେ : ଦ୍ୱାଦଶୀରେ ପ୍ରଭୁଙ୍କ ଆରୋଗ୍ୟ ଖବର ଶ୍ରୀନଅରକୁ)

ଏକାଦଶୀ ଦିନ ମୋଦକ ଲାଗି ଯେ ହୋଇଗଲା କଳାକାହ୍ନୁଙ୍କୁ
ମହୌଷଧି ଖାଇ କେମିତି ଅଛନ୍ତି ଦେଖ ଯେ ମହାପ୍ରଭୁଙ୍କୁ ।

ଶ୍ରୀମନ୍ଦିରୁ ଦେଖ   ସେବାୟତଙ୍କର   ପଟୁଆର ଅଛି ସାଜି
ଶ୍ରୀନଅର ଆଡ଼େ   ସେବାୟତମାନେ   ଯାଆନ୍ତି କାହିଁକି ଆଜି ।
ଭୋଗ ମଣ୍ଡପରେ   ନୀତି ସାରି ଆଜ   ଦ୍ୱାଦଶୀ ଦିନରେ ପୁଣି
ଅଣସର ଘରୁ   ଖବର ସତେକି   ସେବାୟତ ଯାନ୍ତି ଘେନି ।
ରୂପାଥାଳି ପରେ   ଶ୍ରୀଅଙ୍ଗ ଚନ୍ଦନ   କରାଳ ଓ ପାଟଡୋର
ଘଣ୍ଟ ଛତା ଆଉ   କାହାଳି ସହିତ   ତଳିଛା ମହାପାତର ।
ପ୍ରଧାନି ସେବାୟତ   ଯାଉଛନ୍ତି ନେଇ   ପଟୁଆର ଏଇ ଦେଖ
ପଟୁଆର ଯାଏ   ଶ୍ରୀମନ୍ଦିର ଆଡୁ   ଶ୍ରୀନଅର ଅଭିମୁଖ ।
ମହାପ୍ରଭୁଙ୍କର   ପ୍ରଧାନ ସେବକ   ଗଜପତି ମହାରାଜା
ଆଦ୍ୟ ସେବକ ସେ   ଜଗନ୍ନାଥଙ୍କର   ସାରା ଭୁବନରେ ବାଜା ।
ଶ୍ରୀନଅରେଛନ୍ତି   ଗଜପତି ରାଜା   ପଟୁଆର ପହଞ୍ଚିଲେ
ମହାପ୍ରଭୁଙ୍କର   ଆରୋଗ୍ୟ ଖବର   ଦ୍ୱାଦଶୀରେ ଜଣାଇଲେ ।
ପ୍ରଭୁଙ୍କ ଖବର   ଶୁଣି ଖୁସିହୋଇ   ମହାରାଜା ଗଜପତି
ସେବାୟତ ସାଥେ   ରଥଯାତ୍ରା ପାଇଁ   ଆଲୋଚନା ଯେ କରନ୍ତି ।
ମହାପ୍ରଭୁ ଏବେ   ସୁସ୍ଥ ବୋଲି ପୁଣି   ଜାଣିଲା ଜଗତ ସାରା
ଭକତ ଜଗତ   ଏ ଖବର ଶୁଣି   ହସିଉଠେ ଏଇ ଧରା ।

୧୨ ଜୁଲାଇ ୨୦୧୮
(ତ୍ରୟୋଦଶୀରେ ଘଣା ଲାଗି)

ମହାପ୍ରଭୁଙ୍କର   ଅଣସର ଘରେ   ତ୍ରୟୋଦଶୀଦିନ ଆଜି
ଏହି ନିତି ଆଜି   ଅଣସର ଘରେ   ହୋଇବ ଯେ ଘଣା ଲାଗି ।
ଶ୍ରୀପୟର ମୁଦ   ପାଇଁ ପାଟଡୋର   ଖଡ଼ିପ୍ରସାଦ ଲାଗି ହୋଇବ
ଶ୍ରୀଜୀଉମାନଙ୍କୁ   ଘଣାଲାଗି ପରେ   ଖଳି ଯେ ଲାଗି ହୋଇବ ।
ଘଣ୍ଟ ଛତ୍ର ଆଉ   କାହାଳି ସହିତ   ସୁଧ ସୁଆର ଘରଠୁ
ଖଳି ପ୍ରସାଦ ଯେ   ଅଣସର ପାଇଁ   ଆସଇ ଶ୍ରୀମନ୍ଦିରକୁ ।
ଖଡ଼ି ପ୍ରସାଦ ଯେ   ଆସଇ ମନ୍ଦିରେ   ଘଣ୍ଟା କାହାଳିର ସାଥେ
ଭୋଗମଣ୍ଡପ ଯେ   ସରିବାର ପରେ   ଦଉ ମହାପାତ୍ର ହାତେ ।

କାଳିଆ ସାଆନ୍ତ	ପାଇଁ ଲୋଡ଼ା ପୁଣି	ସହ ସହ ସେବାୟତ
କେ ଅବା ବର୍ଣ୍ଣିବ	ଶ୍ରୀମନ୍ଦିର ନୀତି	ସେଠି ବିଜେ ଜଗନ୍ନାଥ ।
ମହାପ୍ରଭୁଙ୍କର	ଶ୍ରୀମୁଖରେ ଓତା	ଆଜି ଯେ ଲାଗି ହୋଇବ
ଚତୁର୍ଦ୍ଧାମୂରତି	ଆଉ ଦୁଇ ଦିନେ	ରଥରେ ଶୋଭାପାଇବ ।
ଧନ୍ୟ ଜଗନ୍ନାଥ	ଧନ୍ୟ ସେବାୟତ	ଧନ୍ୟ ପ୍ରଭୁ ତୁମ ଲୀଳା
ଆଦ୍ୟ ତୁମେ ଅଟ	ତୁମେ ବି ଅନନ୍ତ	ଆହେ ପ୍ରଭୁ ଚକାଡୋଳା ।

୧୩ ଜୁଲାଇ ୨୦୧୮
(ନବ ଯୌବନ ଦର୍ଶନ - ନେତ୍ର ଉତ୍ସବ)

ଅଣସର ଘରେ	ଚତୁର୍ଦ୍ଧା ମୂରତି	ରହିଲେ ଚଉଦ ଦିନ
ମନ ମୋର ଏବେ	ହେଲାଣି ଉଚ୍ଛନ୍ନ	ଦେଖିବି ନବଯୌବନ ।
କି ସୁନ୍ଦର ସେହି	ନବଯଉବନ ରୂପ ଯେ କଳା କାହ୍ନୁର	
ଧଳା କରିଆରେ	କାଳିଆ ମୋହର	ଦିଶଇ କେଡ଼େ ସୁନ୍ଦର ।
ଗଳାରେ ତାହାର	ଫୁଲ ମାଳଟିଏ	କି ସୁନ୍ଦର ଲମ୍ବିଥିବ
ତୁଳସୀ ଦୟଣା	ମଥା ଉପରେ ତା	କି ସୁନ୍ଦର ଦିଶୁଥିବ ।
କଳା କଳା ତାର	ନୟନ ଯୁଗଳ	ଆହାକି ଝଟକୁ ଥିବ
ଭକତ ମାନଙ୍କୁ	ବେନି ଆଖି ଦୁଇ	ତା ପ୍ରେମେ ବାଇ କରିବ ।
କି ଭାଗ୍ୟ ଯାହାର	ଆଖି ପାଏ ଏଇ	ନବ ଯଉବନ ବେଶ
କାଳିଆରେ କେବେ	ତୋ କୃପା ହୋଇବ	ମନରେ ରଖିଛି ଆଶ ।
ସଂସାର ଜଞ୍ଜାଳେ	ଶହେ କୋଷ ଦୂରେ	ଅଛିରେ କାଳିଆ ମୁହିଁ
ହେଲେ ମନ ମୋର	ତୋ ପୟରେ ସଦା	ତୋତେ ତ ଭୁଲି ମୁଁ ନାହିଁ ।
କେବେ କିଛି ଆଶା	ମନ ମୋ କରିନି	ତୋର ଦରଶନ ବିନା
ତୋର କୃପାଦୃଷ୍ଟି	ରଖିବୁ କାଳିଆ	କରିବୁନି କେବେ ଊଣା ।

୧୪ ଜୁଲାଇ ୨୦୧୮
(ରଥଯାତ୍ରା / ଘୋଷଯାତ୍ରା)

ବରଷକ ଥରେ	ଆସିଛି ଆଜିଲୋ	କାଳିଆରେ ରଥଯାତ
ବଡ଼ଦାଣ୍ଡେ ଆଜି	ଜନସମୁଦ୍ର ଲୋ	ଦେଖିବାକୁ ତାର ରଥ ।
ଭକ୍ତ ସମୁଦ୍ରର	ଲହଡ଼ି ଦିଶଇ	ମାଳ ମାଳ ବଡ଼ଦାଣ୍ଡେ
ସାଙ୍ଗରେ ଆଣିଛି	ଭାଇ ଭଉଣୀଙ୍କୁ	ହସଇ ବଡ଼ ଆନନ୍ଦେ ।

ତାଳଧ୍ୱଜେ ବଡ଼ ଭାଇ ବଳଭଦ୍ର ବଳବାନ ଅପରୂପ
ହଳଧର ନାମେ ପ୍ରସିଦ୍ଧ ପୁଣି ସେ ଆଦ୍ୟ ପୂଜ୍ୟ ବଳଦେବ ।
ଦର୍ପଦଳନରେ ଭଉଣୀ ସୁଭଦ୍ରା ପାଖେ ଥାନ୍ତି ସୁଦର୍ଶନ
ହଳଦୀ ମୁଖୀର ସୁରକ୍ଷା ପାଇଁ ଯେ କାଳିଆ କରେ ଯତନ ।
ମଦନ ମୋହନ ରାମ କୃଷ୍ଣ ପୁଣି ଦୁଇ ଚଳନ୍ତି ପ୍ରତିମା
ଜଗନ୍ନାଥ ଆଉ ବଳଭଦ୍ର ସଙ୍ଗେ କେ ବର୍ଣ୍ଣିପାରେ ମହିମା ।
କାଳିଆ ରାଜା ମୋ ବଡ଼ ନଟଖଟ ଆସଇ ସେତ ପଛରେ
ଆସୁଛି କହ୍ନେଇ ଭୂଜ ତା ମେଲେଇ ଚହଲ ବଡ଼ ଦାଣ୍ଡରେ ।
ରସିକ ନାଗର କଳା କାହ୍ନୁ ମୋର ଛାଡ଼ିନି ତା ପିଲାବେଳ
ଖୁଆ ଦଉଡ଼ିରେ ବାନ୍ଧିଲେ ଯଶୋଦା ଏବେ ଭକତଙ୍କ ବେଳ ।
ପାଟ ଦଉଡ଼ିରେ ବାନ୍ଧି ସେବାୟତେ ଆଣନ୍ତି ଦେଖ ରଥକୁ
ପ୍ରେମ ଦଉଡ଼ିରେ ବାନ୍ଧିବେ ଭକତେ ଆଜି ତ କଳାକାହ୍ନୁକୁ ।
ରାଘବ ଦାସ ଯେ ଫୁଲର ଟାହିଆ ଦେଇଛି କାଳିଆ ପାଇଁ
ଅପୂର୍ବ ଦିଶଇ ମୋ କଳାମାଣିକ ମୁଣ୍ଡରେ ଟାହିଆ ଦେଇ ।
ଝୁଲି ଝୁଲି ଆସେ କାଳିଆ ସାଆନ୍ତ ଜଗତ କରତା ମୋର
ଭକ୍ତ ଭଗବାନ ଅପୂର୍ବ ମିଳନ ଆହା ଏ ଭାବ ସମୁଦ୍ର ।
ହରିବୋଲ ହୁଳ ହୁଳି ସାଥେ ପୁଣି ଘଣ୍ଟ ଘଣ୍ଟି ତାଳ ବାଜି
ଆଲଟ ଚାମର ଖୋଳ ମୃଦଙ୍ଗ କାଳିଆ ଆସୁଛି ଆଜି ।
କେ ପୁଣି କହଇ ତୁ କୃପା ବାରିଧି ସିଞ୍ଚିଦେ ତୋ କୃପାବିନ୍ଦୁ ।
ନନ୍ଦିଘୋଷ ଏବେ ହେଲାଣି ଯେ ସଜ ହୋଇବ ପହଣ୍ଡି ବିଜେ
ଘୋଷ ଯାତ୍ରା ପୁଣି ବଡ଼ଯାତ୍ରା ନାମେ ଜଗତେ ବାଜଣା ବାଜେ ।
ବଡ଼ଦାଣ୍ଡ ଆଜି ଉଠୁଛି ପଡୁଛି ନାଚି ନାଚି ଜଗା ଆସେ
ଭକତ ନାଚଇ ଜଗାକୁ ନଚାଇ ଲୁଚି ଲୁଚି ଜଗା ହସେ ।
ଏମିତି ଭାବରେ ଭକ୍ତ ଭଗବାନ ଭିଜିଛନ୍ତି ଭକତିରେ
ବରଷା ରାଣୀ ବି ତା ଶୀତଳ ଜଳ ଝରାଇଲା ହରଷରେ ।
ସାଲବେଗ ପରି ଅସୀମ ଭକତି ନାହିଁରେ କାଳିଆ ମୋର
ଶୁଣୁ କି ନ ଶୁଣୁ ଜାଣିନି କାଳିଆ ମନେପଡୁ ବାରମ୍ବାର ।

କୋଷ କୋଷ ଦୂରେ   ରହିଛି କାଳିଆ   ମନ ଲୋଡ଼େ ଦରଶନ
ରଥରେ ଦେଖିବି   କେବେରେ କାଳିଆ   ତୋ ଦିବ୍ୟ ଚକାନୟନ ।

୧୫ ଜୁଲାଇ ୨୦୧୮

(କି ସୁନ୍ଦର କାଳିଆର ଦର୍ଶନ ଆଜି ରଥରେ ଆଳତି ସମୟରେ ପୁରୀ ଧାମରୁ କିଛି ଅସରା ଲୁହ ବହିଗଲା । ଧନ୍ୟ ତୋର ଲୀଳା)

ତୁ ମୋତେ କାଳିଆ   ଦେଖେ ନ ଦେଖେ   ଦେଖୁଥିବି ତୋତେ ମୁହିଁ
ତୁ ମୋତେ କାଳିଆ   ଚାହାଁ କି ନ ଚାହାଁ   ଚାହିଁ ଥିବି ତୋତେ ରହି ।
ତୋର ପରସାଦ   ମିଳୁ କି ନ ମିଳୁ   କରିବିନି ମୁହିଁ ଦୁଃଖ
ମୋ ଅଭାବୀ ଅନ୍ନ   ଖାଇବା ଆଗରୁ   ତୋତେ ଅରପିବି ଆଗ ।
ତୋର ଶ୍ରୀମନ୍ଦିର   ନେଏ କି ନ ନେଏ   କରିବିନି ଅଭିମାନ
କାଳିଆରେ ତୋତେ   ରଖିଥିବି ଘରେ   ପୂଜୁଥିବି ତୋ ଚରଣ ।
ତୁଳସୀ ଦୟଣା   ନଥିଲେ ମୋ ଘରେ   ଥିବ ମୋର ବାଡ଼ିଫୁଲ ।
ତୋତେ ସଜାଇବି   କାଳିଆରେ ମୁହିଁ   ତୋ ପାଇଁ ଗୁନ୍ଥିବି ମାଳ ।
ଛପନ ଭୋଗ ତ   ପରଶିବା ପାଇଁ   ନାହିଁ ମୋ ପାଖରେ ଧନ
ଶୁଣିଛି କାଳିଆ   ନୁହି ନ ମନୁଆ   ଅଭାବୀର ଚିହ୍ନୁ ମନ ।
କାହିଁବି ଭାବିବି   କରିଛୁରେ ଉଣା   ତୋଦାନ ମୋର ଜୀବନ
ଦାତାର ଦାନକୁ   ନେଇ ପୁଣି ସତେ   କରେ କିବା ଅଭିମାନ ।

୧୬ ଜୁଲାଇ ୨୦୧୮

ବଡ଼ ଦେଉଳର ସୁଖ   ଛାଡ଼ି ମୋର କାଳିଆ
ବଡ଼ଦାଣ୍ଡେ କାହ୍ନା ଆଜି   ଭକ୍ତ ପ୍ରେମେ ବାଇଆ ।
ନିଜ ସୁଖକୁ ପକାଇ   ଦେଖ ସିଏ ପଛରେ
ଆସିଛି ସୁଖ ଆଣି   ସେ ଭକତଙ୍କ ପାଇଁରେ ।
କେତେ ନିରିମାୟା ମନ   ଦେଖରେ ମୋ ଧନର
କପଟିଆ ନାମ ପୁଣି   ଦେଲା ତାକୁ ସଂସାର ।
ନିଜ ଘର ଘରଣୀକୁ   ଛାଡ଼ି କହ୍ନେଇ ମୋର
ଜଗତର ସୁଖ ପାଇଁ   ଆସେ ରଥ ଉପର ।

ଦୀନବନ୍ଧୁ ନାମ ବହି   ଅଛିତ ଜଗତରେ
ଦୀନ ଦୁଃଖିଙ୍କର ଦୁଃଖ   ଏକା ସେଇ ବୁଝେରେ ।
ଭାବରେ ବନ୍ଧା ତ ସିଏ   ଭାବେ ସିଏ ମିଳଇ
ଏଥିପାଇଁ ଏ ସଂସାର   ବୋଲେ ଯେ ଭାବଗ୍ରାହୀ ।

୧୬ ଜୁଲାଇ ୨୦୧୮

ଖାଁ ଖାଁ ଲାଗେ   ଶ୍ରୀମନ୍ଦିର ଆଜି   ନାହିଁ ବୋଲି ଧନ ମୋର
ମନ୍ଦିରର ଶ୍ରୀ   କହ୍ନେଇ ସିନା ମୋ   ତା ଲାଗି ଯେ ଶ୍ରୀମନ୍ଦିର ।
ଜନ କୋଳାହଳ   ଭକତଙ୍କ ମେଳ   ହୁଳହୁଳି ହରିବୋଲ
ମନ୍ଦିରରେ ଆଜି   ଏସବୁ ଶୁଭୁନି   ଲାଗଇ ଭାରି ନିଶ୍ଚଳ ।
ରୋଷେଇଶାଳ ତ   ବନ୍ଦ ପଡ଼ିଅଛି   ବଡ଼ଖିଆ ମୋର ନାହିଁ
ଲକ୍ଷ୍ମୀ ଠାକୁରାଣୀ   ଅଭିମାନୀ ପୁଣି   ସାଆନ୍ତ ମନ୍ଦିରେ ନାହିଁ ।
ଆନନ୍ଦ ବଜାରେ   ଆନନ୍ଦ ଲାଗେନି   ନା ପାଟି ଶୁଭୁଛି କାର
ଭକତଙ୍କ ଭିଡ଼   ନାହିଁ ସେଠି ଆଜି   ନା ଅଛି ଯେ କୋଳାହଳ
ସିଂହଦୁଆରରେ   ଭକତଙ୍କ ଭିଡ଼   ଆଜି ତ ଦିଶଇ ନାହିଁ
କାଳିଆ ନଥିଲେ   କିଏ ଟାଣିନେବ   ଭକ୍ତଙ୍କୁ ଭାବରେ ମୋହି ।
କାଳିଆ ଲାଗି ତ   ରତ୍ନ ସିଂହାସନ   ତା' ପାଇଁ ଭକତ ଜନ
କାଳିଆ ଏକା ତ   ଜଗତ ଜିଣଇ   ଭାବରେ ବାନ୍ଧି ଯେ ମନ ।
କାଳିଆ ପାଇଁ ତ   ଆନନ୍ଦ ବଜାର   ତା ଲାଗି ଛପନ ଭୋଗ
ସେ ଏକା କରତା   ସେ ଭାଗ୍ୟ ବିଧାତା   ପୂଜା ପାଉଥାଏ ଆଗ ।

୧୮ ଜୁଲାଇ ୨୦୧୮ (ଆଡ଼ପ ବିଜେ)

ଜଗତର ନାଥ   କାଳିଆ ସାଆନ୍ତ   ରଥୋପରେ ବିଜେ ହୋଇ
ଭକତଙ୍କ ସାଥେ   ବଡ଼ଦାଣ୍ଡେ ଯାନ୍ତି   ସଙ୍ଗତେ ଭଉଣୀ ଭାଇ ।
ଗୁଣ୍ଡିଚା ମନ୍ଦିର   ଖାଲି ପଡ଼ିଥାଏ   ବରଷକ ବାରମାସ
ରଥଯାତ ପୁଣି   ଆସିଛି ବୋଲିକି   ମନରେ ଥାଏ ହରଷ ।
ଚତୁର୍ଦ୍ଧା ମୂରତି   ବୁଲି ଆସିଥାନ୍ତି   ଶ୍ରୀଗୁଣ୍ଡିଚା ମନ୍ଦିରକୁ
ରଥରୁ ଓହ୍ଲାଇ   ବିଜେ କରିଥାନ୍ତି   ଆଡ଼ପ ମଣ୍ଡପକୁ ।

ସାତ ଦିନ ଥାନ୍ତି ଗୁଣ୍ଡିଚା ମନ୍ଦିରେ ଭକତଙ୍କ ଭିଡ଼ ଲାଗେ
କାଳିଆ ପାଇଁ ତ ଗୁଣ୍ଡିଚା ମନ୍ଦିରେ କୋଳାହଳ ଆଜି ଶୁଭେ ।
ଆଡ଼ପ ମଣ୍ଡପ ଆଡ଼ପ ଅଭଡ଼ା ଆଡ଼ପ ବିଜେ କରନ୍ତି
ଗୁଣ୍ଡିଚା ମନ୍ଦିରେ ଚତୁର୍ଦ୍ଧା ମୂରତି ଦରଶନ ଯେ ଦିଅନ୍ତି ।
କେତେ ଲୀଳା ଦେଖ କହ୍ନେଇ ଲଗାଏ କେତେ ଯାତ କେତେ ପର୍ବ
କରି କରାଉ ଯେ ତୁହି ଚକାଡୋଳା ତୁ ଅଟୁ ଜଗତେ ସର୍ବ ।

୧୯ ଜୁଲାଇ ୨୦୧୮
(ହେରା ପଞ୍ଚମୀ .... ଲକ୍ଷ୍ମୀଙ୍କୁ ବିମାନ ଶ୍ରୀଗୁଣ୍ଡିଚା ମନ୍ଦିରରେ)

ସଂସାରରେ ସିନା ଏମିତି ହୁଅଇ ତୁତେ ଜଗତନାଥ
ଶ୍ରୀଲକ୍ଷ୍ମୀଙ୍କୁ ଛାଡ଼ି ଶିରୀ ମନ୍ଦିରରେ କର ପୁଣି ରଥଯାତ ।
ସଙ୍ଗେ ନେଇ ତୁମେ ଭାଇ ଭଉଣୀଙ୍କୁ ଯାଅ ଯେ ଗୁଣ୍ଡିଚା ଘର
ତୁମର ଶ୍ରୀମୁଖ ନଦେଖି ଶ୍ରୀଦେବୀ ଦିନ କି କଟେ ତାଙ୍କର ।
ମନ ଦୁଃଖ କରି ଲକ୍ଷ୍ମୀ ଠାକୁରାଣୀ କହନ୍ତି ମା ବିମଳାଙ୍କୁ
କି କହିବି ଦେଖ ପ୍ରଭୁ ଗଲେ ମୋର ନେଇ ଭାଉ ଭଉଣୀଙ୍କୁ ।
ଅଭିମାନ ଦେଖି ମହାଲକ୍ଷ୍ମୀଙ୍କର ବିମଳା ଦେଇ ସାନ୍ତ୍ୱନା
କହନ୍ତି ବୁଝାଇ ଦେଖା କର ଯାଇ କର ନାହିଁ ମନ ଉଣା ।
ସ୍ୱାମୀ ଯେବେ କରେ ଅକରଣୀୟକୁ ବିବେକ ଶୂନ୍ୟ ଯେ ହୋଇ
କରଣୀୟ ଭାବି ଯଦି କରୁଥାନ୍ତି ତୁମ ମନେ କଷ୍ଟ ଦେଇ ।
ବିମଳାଙ୍କ ଠାରୁ ପରାମର୍ଶ ପାଇ ଯାନ୍ତି ଗୁଣ୍ଡିଚା ମନ୍ଦିର
ରଥ ଯାତରାର ପଞ୍ଚମ ଦିନରେ ମନ୍ଦିରୁ ହୋଇ ବାହାର ।
ପ୍ରେମ ଅଭିମାନ ମନରେ ଥାଇକି ଯାଆନ୍ତି ଯେ ମହାଲକ୍ଷ୍ମୀ
ପାଟ ଅଳଙ୍କାର ପିନ୍ଧିକରି ପୁଣି ବିମାନେ ବିଜେ କରନ୍ତି ।
ଘଣ୍ଟା ଘଣ୍ଟି ଆଉ କାହାଳୀ ବାଜଇ ଲକ୍ଷ୍ମୀ ବିଜେ ବଡ଼ଦାଣ୍ଡେ
ରଖନ୍ତି ବିମାନ ଭକ୍ତ ଲକ୍ଷ୍ମୀଙ୍କର ନେଇ ନନ୍ଦିଘୋଷ ଆଗେ ।
ମହାପ୍ରଭୁଙ୍କର ଶ୍ରୀଅଙ୍ଗରୁ ଆସେ ଆଜ୍ଞାମାଳ ଶ୍ରୀଲକ୍ଷ୍ମୀଙ୍କୁ
କଥା ଦେଇଥାନ୍ତି ସାଆନ୍ତ ପୁଣି ଯେ ଦଶମୀରେ ଫେରିବାକୁ ।
ଜଗତ ଜନନୀ ପାଇଁ କେତେ ନୀତି ଆଲଟ ଚାମର ସାଥେ

ପ୍ରେମ ଆମନ୍ତ୍ରଣ	କରିଥାନ୍ତି ସେତ	ଫେରିବେ ପୁଣି ସାଆନ୍ତେ ।
ଲୋକକଥା ପୁଣି	ଜଗତ ଜନନୀ	ହୋଇ କ୍ରୋଧେ ଜରଜର
ନନ୍ଦିଘୋଷୁ କାଠ	ଭାଙ୍ଗନ୍ତି ମାଲକ୍ଷ୍ମୀ	ଅଭିମାନ ଯେ ତାଙ୍କର ।
ଫେରି ଯେ ଆସନ୍ତି	ଶିରୀ ମନ୍ଦିରକୁ	ହେରାଗୌରି ସାହି ଦେଇ
ଦଶମୀରେ ପୁଣି	ଫେରିବେ ସାଆନ୍ତେ	ସ୍ୱାମୀଙ୍କର ଆଜ୍ଞା ପାଇ ।
ଲକ୍ଷ୍ମୀ ପ୍ରଭୁ ନିତି	ପ୍ରେମ ଆମନ୍ତ୍ରଣ	ଆଷାଢ଼ ଶୁକ୍ଳ ଷଷ୍ଠୀ ଦିନ
ହେରାଯାତ୍ରା ଅବା	ହେରା ପଞ୍ଚମୀ ଯେ	କହନ୍ତି ଜଗତ ଜନ ।
ରଥ ଯାତରାର	ପଞ୍ଚମୀ ଦିନରେ	ପାଇ ପ୍ରଭୁ ଆମନ୍ତ୍ରଣ
ଜଗତ୍ ଜନନୀଙ୍କୁ	କଥା ଦେଇଥାନ୍ତି	ଫେରିବେ ଦଶମୀ ଦିନ ।
ପତ୍ନୀ ଅଧିକାର	ପତିପରେ ଥାଏ	କେବେ କ୍ରୋଧ ଅଭିମାନ
କ୍ରୋଧ ଅଧିକାର	ଅବା ଅଭିମାନ	ପ୍ରେମର ଯେ ଅନ୍ୟ ନାମ ।

୨୦ ଜୁଲାଇ ୨୦୧୮

ପ୍ରେମରେ ସେ ବନ୍ଧା	ପ୍ରେମର ଠାକୁର	ସେ ବୁଝେ ପ୍ରେମର ଭାଷା
ପ୍ରେମ ଆମନ୍ତ୍ରଣ	ପାଇ ଲକ୍ଷ୍ମୀଙ୍କର	ବୁଝେ ଅଭିମାନ ରୁଷା ।
ଘର କରି ମାନ	ଅଭିମାନ ଥାଏ	ପତି ଅବା ପତ୍ନୀ ଠାରେ
ଏମିତି ଦମ୍ପତି	ଜୀବନ ଅଟଇ	ପ୍ରେମେ ଅଭିମାନ ସରେ ।
ଭାଇ ଭଉଣୀଙ୍କ	ଶ୍ରଦ୍ଧା ପରି ସିନା	ଜଗତେ ସମ୍ପର୍କ ନାହିଁ
ହେଲେ ସୁଖେ ଦୁଃଖେ	ସ୍ତ୍ରୀ ଯେ ସର୍ବଦା	ସଙ୍ଗତରେ ରହିଥାଇ ।
ମହାପ୍ରଭୁ ଲକ୍ଷ୍ମୀ	ଆମନ୍ତ୍ରଣ ପାଇ	ଦିଅନ୍ତି ପୁଣି ଆଦେଶ
ରଥକୁ କର	ଦକ୍ଷିଣ ମୁହାଁ ଯେ	ସଜ କର ନନ୍ଦିଘୋଷ ।
ଜଗତ ଜନନୀ	ମହାଲକ୍ଷ୍ମୀ ଯେବେ	ଆସିଲେ ପାଖକୁ ମୋର
ଫେରିବି ସହଳ	ନନ୍ଦିଘୋଷେ ବସି	ବାହୁଡ଼ିବି ଶ୍ରୀମନ୍ଦିର ।
ଜଗତରେ ନାହିଁ	ତୋପରି ଠାକୁର	କଥା ତୋ ଭାରି ନିଆରା
ଦେଖିନି ଏମିତି	ତୋପରି କାହାକୁ	ପୂଜାପାଏ ଜଗତ ସାରା ।

୨୧ ଜୁଲାଇ ୨୦୧୮

ଧନ୍ୟ ଜଗନ୍ନାଥ ଜଗତେ ବିଖ୍ୟାତ ଧନ୍ୟ ତୁମ କଉଶଳ
କାହାକୁ ଦେଇଛ ଧନ ମାନ ଯଶ କରିଛ ତାକୁ ନିର୍ବଳ ।
କାହାକୁ ଗଢ଼ିଛ ଦିବ୍ୟ ରୂପ ଦେଇ ଗୁଣ ତ ଦେଇନ ଭରି
କାହାକୁ କରିଛ ସର୍ବଗୁଣେ ପୂର୍ଣ୍ଣ ଗଢ଼ିଛ କୁରୂପ କରି ।
କା ଘରେ ଦେଇଛ ଅସରନ୍ତି ଧନ ଅଶାନ୍ତି ଭରିଛ ଘରେ
କା ପାଖେ ଦେଇଛ ଦି ଓଳି ଭୋଜନ ଶାନ୍ତି ଅଛି ତା ପାଖରେ ।
କାହାର ଜୀବନ ସୁଖରେ କଟଇ କିଏ ଖୋଜେ ଟିକେ ସୁଖ
କା ଜୀବନ ଦୁଃଖ ନଇଟିଏ ପରା କଷଣ ଜୀବନ ଯାକ ।
ଯାହା ବି ଦେଇଛ ଜୀବନରେ ମୋର ଖୁସିରେ ଗ୍ରହଣ କରି
ଏ ଜୀବନ ପ୍ରଭୁ କଟିଯାଉ ପରା ତୁମ ପାଦେ ଅନୁସରି ।

୨୨ ଜୁଲାଇ ୨୦୧୮
(ବାହୁଡ଼ା ବିଜେ / ଲକ୍ଷ୍ମୀନାରାୟଣ ଭେଟ)

ହେରା ପଞ୍ଚମୀରେ ମହାଲକ୍ଷ୍ମୀ ଯାନ୍ତି ପ୍ରଭୁଙ୍କ ଦର୍ଶନ ପାଇଁ
ନହେଲେ ଦରଶନ କରି ନପାରି ସେ ଫେରନ୍ତି ଦୁଃଖ ଯେ ନେଇ ।
ଅଭିମାନ କରି ଜଗତ ଜନନୀ ଫେରିଯାନ୍ତି ଶ୍ରୀମନ୍ଦିର
ପତିଠାରେ ଥିଲେ ରାଗ ଅଭିମାନ ମନ ତ ରହେନି ସ୍ଥିର ।
ଆଦ୍ୟ ସେବକ ଯେ ଗଜପତି ରାଜା ଏ କଥା ତ ଜାଣିଥାନ୍ତି
ନନ୍ଦିଘୋଷକୁ ଯେ ଶ୍ରୀନଅର ଆଗେ ଟିକେ ଅଟକାଇ ଥାନ୍ତି ।
ଶ୍ରୀଦେବୀଙ୍କୁ ରାଜା ଆମନ୍ତ୍ରଣ କରି ଶ୍ରୀମନ୍ଦିରୁ ଆଣିଥାନ୍ତି
ପାଟବସ୍ତ୍ର ଅଳଙ୍କାର ଫୁଲମାଳ ସାଜି ପାଲିଙ୍କିରେ ମା ଆସନ୍ତି ।
ଶ୍ରୀମନ୍ଦିରୁ ଯେବେ ଆସନ୍ତି ଶ୍ରୀଦେବୀ ରଥରେ ବଡ଼ ଠାକୁର
ଘେରହୁଏ ପୁଣି ତାଳଧ୍ୱଜ ରଥ ଭାଇବହୂ ଦେଢ଼ଦୂର ।
ମହାରାଜାଙ୍କର ନିମନ୍ତ୍ରଣ ରଖି ମହାଲକ୍ଷ୍ମୀ ବିଜେ ହ୍ୱନ୍ତି
ମହାରାଜାଙ୍କର ଶ୍ରୀହସ୍ତେ ପ୍ରଭୁଙ୍କୁ ରଥରେ ଭେଟ କରନ୍ତି ।
ମହାପ୍ରଭୁଙ୍କର ଆଜ୍ଞାମାଳ ପାଇ ମହାଲକ୍ଷ୍ମୀ ଖୁସିହ୍ୱନ୍ତି
ଶିରୀମନ୍ଦିରକୁ ମା ଖୁସିହୋଇ ବାହୁଡ଼ାବିଜେ କରନ୍ତି ।

ସଙ୍ଗେ ସଙ୍ଗେ ପୁଣି	ନନ୍ଦିଘୋଷ ରଥ	ଶ୍ରୀନଅରୁ ଟଣାଯାଏ
ଶ୍ରୀନଅରଠାରୁ	ସିଂହଦ୍ୱାରକୁ	ପ୍ରଭୁଙ୍କୁ ଯେ ଅଣାଯାଏ ।
ବାହୁଡ଼ା ଅଟେ ଯେ	ମହାପ୍ରଭୁ ଆଉ	ମହାଲକ୍ଷ୍ମୀଙ୍କର ଭେଟ
ସେ ପାଇଁ ତ ଏହି	ନୀତିଟିର ନାମ	ଲକ୍ଷ୍ମୀ ନାରାୟଣ ଭେଟ ।

୨୩ ଜୁଲାଇ ୨୦୧୮
(ହରି ଶୟନ ଏକାଦଶୀ / ସୁନାବେଶ)

ବରଷକ ବାରମାସରେ ପଡ଼ଇ ଚବିଶଟି ଏକାଦଶୀ
ତାମଧେ ଚାରୋଟି ଏକାଦଶୀ ଯାକୁ କହନ୍ତି ବଡ଼ ଏକାଦଶୀ ।
ଆଷାଢ଼ ଶୁକଳ ଏକାଦଶୀ ଅଟେ ସେ ମଧରୁ ଅନ୍ୟତମ
ହରିଶୟନ ଏକାଦଶୀ ବୋଲି ଯେ ଅଟଇ ଯେ ତାର ନାମ ।
ଜଗନ୍ନାଥଙ୍କର ଦ୍ୱାଦଶ ଯାତ୍ରାରୁ ଏ ଅଟେ ଶୟନ ଯାତ୍ରା
ହରିଶୟନ ଯାତ୍ରା ନାମେ ବି ପ୍ରସିଦ୍ଧ ଅନେକ ଯେ ତାର ଗାଥା ।
ଆଷାଢ଼ ଶୁକଳ ଏକାଦଶୀ ଠାରୁ କାର୍ତ୍ତିକ ଶୁକ୍ଳ ଏକାଦଶୀ ଯାଏ
ହରିଶୟନ କରୁଥିବାରୁ ଏହାକୁ ଚତୁଃର୍ମାସ୍ୟା କୁହାଯାଏ ।
ଏହି ଚାରିମାସ ସାଧୁ ସନ୍ଥ ଭକ୍ତ ବୈଷ୍ଣବ ଭକତ ଯେତେ
ପାଳନ୍ତି ଯେ ପୁଣି ଚତୁଃର୍ମାସ୍ୟା ବ୍ରତ ମାନନ୍ତି ଯେ ବିଧିମତେ ।
ଏ ଦିନ ରାତ୍ରିରେ ରଥୋପରେ ହୁଏ ଶ୍ରୀଜୀଉଙ୍କୁ ସୁନାବେଶ
ତା'ପର ଦିନ ପ୍ରଭୁଙ୍କର ହୁଏ ବଡ଼ସିଂହାରର ବେଶ ।
ଭୋଗ ସ୍ନାନଆଦି ପୂଜାପାଠ ନୀତି ଏକ ପରେ ଅନ୍ୟ ହୁଏ
ଶିରୀମନ୍ଦିରର ଭଣ୍ଡାରୁ ଯେ ତିନି ଶୟନ ମୂର୍ତ୍ତି ଅଣାଯାଏ ।
ବାସୁଦେବ ବଡ଼ ବାଡ଼ରେ ଯେ ପୁଣି ମଝିରେ ଭୁବନେଶ୍ୱରୀ
ନାରାୟଣ ନାମେ ମହାପ୍ରଭୁ ପୁଣି ଆସନ୍ତି ରଥ ଉପରି ।
ତିନି ମୂର୍ତ୍ତି ତିନି ପୂଜାପଣ୍ଡା ହସ୍ତେ ଆସନ୍ତି ରୌପ୍ୟଥାଳିରେ
ଶ୍ରୀଅଙ୍ଗଲାଗି ଓ ମହାସ୍ନାନ ପୂଜା ହୁଅଇ ତିନି ରଥରେ ।
ଏ ଦିନ ରାତିରେ ଦୁଇଥର ହୁଏ ବଡ଼ସିଂହାରର ବେଶ
ଦୁଇଥର ଭୋଗ ଲାଗି ହୋଇଥାଏ ଶ୍ରୀଜୀଉଙ୍କର ପାଶ ।
ବଲ୍ଲଭ ବଡ଼ସିଂହାର ବି କୁହାଯାଏ ଦୁଇଥର ବଡ଼ସିଂହାର
ଦୁଇଥର ଭୋଗ ଲାଗିବି ହୁଅଇ ଥାଇ ଅନେକ ଆଚାର ।

୨୪ ଜୁଲାଇ ୨୦୧୮

ଟିକିଏ ଚାଲଇ ଟିକିଏ ଝୁଣ୍ଟଇ ଜୀବନର ଏ ରାସ୍ତାରେ
କେବେ ଠିଆ ହୁଏ କେବେ ନଇଁ ପଡ଼େ ଏ କରମ ଜଞ୍ଜାଳରେ ।
କେବେ ଘେରିଯାଏ ଚାରିପଟେ ମୋର ଦୁଃଖ ନଈପାଣି ପରି
ଅସ୍ତବ୍ୟସ୍ତ ମୁହିଁ ହୋଇଯାଏ କେବେ କେମିତି ହେବି ମୁଁ ପାରି ।
କେବେ ଆସିଯାଏ ଅଜଣା ଆତଙ୍କ ଥରିଯାଏ ହୃଦ ମୋର
ନା କାନ୍ଦିପାରେ ନା କହିପାରେ ଆତଙ୍କିତ ଏ ଶରୀର ।
କେହି ଜଣେ ଥାଏ ଏସବୁ ସମୟେ ଦେଖିପାରେ ନାହିଁ ତାକୁ
ମନ ମୋର କହେ, ଅନ୍ତର ମୋ ଛୁଏଁ ତାର ସେହି କରୁଣାକୁ ।
ଦେଖି ପାରେନି ମୁଁ ଦେଖାଇ ପାରେନି ଶୀତଳ ପରଶ ଟିଏ
ଆଉ କେହି ନୁହେଁ ମନ ମୋର କହେ ମୋ କଳା ସାଆନ୍ତ ସିଏ ।
କଳା ସାଆନ୍ତର କଳା ଯେ କିମିଆ କରିଛି ଏମିତି ମୋତେ
ଦୁଃଖ ହେଉ ଅବା ସୁଖ କି ସମୃଦ୍ଧି ରହେ ତାର ପାଦ ପଦ୍ମେ ।
କରୁଥାଏ ସେହି କରାଉ ବି ଥାଉ ତା ବିନୁ ନ ଆନ ଗତି
ଏକା ତାର ନାମ ଏକା ତାର ଜପ ସେ ଯେ ଶକତି ମୁକତି ।

୨୫ ଜୁଲାଇ ୨୦୧୮
(ନିଳାଦ୍ରୀ ବିଜେ / ଲକ୍ଷ୍ମୀ ନାରାୟଣ ଭେଟ)

ଆଷାଢ଼ ଶୁକଳ ତ୍ରୟୋଦଶୀ ଦିନ ନିଳାଦ୍ରୀ ବିଜେ ହୁଅନ୍ତି
ଚଳନ୍ତି ପ୍ରତିମା ଚତୁର୍ଦ୍ଧା ମୁରତୀ ଶ୍ରୀମନ୍ଦିରେ ପ୍ରବେଶନ୍ତି ।
ରଥଯାତ ପାଇଁ ଚତୁର୍ଦ୍ଧା ମୁରତୀ ଶ୍ରୀମନ୍ଦିରୁ ଯାଇଥାନ୍ତି
ଏଗାର ଦିନ ସେ ଶିରୀ ମନ୍ଦିରକୁ ପ୍ରତ୍ୟାବର୍ତ୍ତନ କରନ୍ତି ।
ଶ୍ରୀଜୀଉଙ୍କ ସାନ୍ଧ୍ୟ ଧୂପ ନୀତି ଯେବେ ସରଇ ରଥ ଉପରେ
ଚାରମାଳା ବନ୍ଧା ହୁଅଇ ପୁଣି ଯେ ତିନୋଟି ଯାକ ରଥରେ ।
କାହାଳୀ ବାଜଇ ବନ୍ଦାପନା ହୋଇ ଡୋରିଲାଗି ନୀତି ହୁଏ
ଚଳନ୍ତି ବିଗ୍ରହ ମହାଜନ ହସ୍ତେ ଦକ୍ଷିଣୀ ଘରକୁ ବିଜେ ହୁଏ ।
ପହଣ୍ଡି ବିଜେ କରି ମହାପ୍ରଭୁ ଯେବେ ଆସନ୍ତି ଚାର ଉପରକୁ
ମହାଲକ୍ଷ୍ମୀ ତେବେ ଆସିଥାନ୍ତି ପୁଣି ଚାହାଣି ମଣ୍ଡପକୁ ।

ମହାପ୍ରଭୁ ଆଉ   ମା'ଙ୍କର ଭେଟ   ହୁଏ ଯେବେ ଶ୍ରୀମନ୍ଦିରେ
ମାନ ଅଭିମାନ   ମହାଲକ୍ଷ୍ମୀଙ୍କର   ଚାଲିଯାଏ ସତେ ଦୂରେ ।
ମନୁଆ ଠାକୁର   ମନ ମୋହିନେବା   ଜାଣିଛନ୍ତି ନାରାୟଣ
ରଥୋପରେ ଥାଇ   ରସଗୋଲା ଖାଇ   ସାଙ୍ଗରେ ଯେ କିଛି ନେଇ
ରସଗୋଲା ଦେଇ   ସତେକି ମୋହନ   ନେଲେ ଲକ୍ଷ୍ମୀ ମନ ମୋହି ।
ଘସା ବନ୍ଦାପନା   ବିଡ଼ିଆ ମଣୋହୀ   ନୀତି ହୁଏ ମା'ଙ୍କର
ପତି ମହାପାତ୍ର   ଏହି ନୀତି ସବୁ   କରନ୍ତି ଯେ କାଳିଆର ।

୨୬ ଜୁଲାଇ ୨୦୧୮

ତୁମେ ନିର୍ଦ୍ଦେଶକ   ତୁମେ ହିଁ ଦର୍ଶକ   ମୋ ଜୀବନ ନାଟକର
ଅଭିନୟ ଖାଲି   କରେ ସିନା ମୁହିଁ   ବୁଝେନି ଭୁଲ୍ ଠିକ୍‌ର ।
ଧରମ କରମ   ପାପ ଅବା ପୂଣ୍ୟ   ବୁଝିବାକୁ ନାହିଁ ଶକ୍ତି
ତୁମ ଈଶାରାରେ   ସାରା ବିଶ୍ୱ ଚାଲେ   ଜଡ଼ ଜୀବନର ଗତି ।
କେତେବେଳେ ମୁହିଁ   ଭୁଲ ନ କରିବି   ପାଇଛି ଦଣ୍ଡ ଅନେକ
କେମିତି ବୁଝିବି   ତୁମ ଖେଳା ଲୀଳା   କି କାରଣେ ପାଏ ଦୁଃଖ ।
କେତେବେଳେ କିଛି   ଭାବିବା ଆଗରୁ   ସତେକି ଜାଣିବା ପରି
ସବୁତକ ଇଚ୍ଛା   ପୂର୍ଣ୍ଣ କରିଦିଅ   ଖୁସିରେ ଦିଅ ହେ ଭରି ।
ଦୁଇ ହାତ ଟେକି   ସମର୍ପି ଦେଇଛି   ଭଲ ମନ୍ଦଦୁଃଖ ସୁଖ
ଚଲାଇ ନିଅ ହେ   ଜଗତ ବାନ୍ଧବ   ଦେଇ ତୁମ ଆଶୀର୍ବାଦ ।

୨୭ ଜୁଲାଇ ୨୦୧୮

ପତିତ ଉଦ୍ଧାର   ପାଇଁରେ କାଳିଆ   ଉଡ଼ାଉ ପତିତ ବାନା
ପତିତ ଜନଙ୍କ   ପାଇଁ କରିଅଛୁ   ଦୁବ ଠୁ ଦାରୁ ରଚନା ।
ତୋ ନାମେ ଆରମ୍ଭ   ତୋ ନାମରେ ଶେଷ   ଅନ୍ୟ ଗତି ଆଉ ନାହିଁ
ତୋ ନାମେ ମୁକତି   ତୋ ନାମେ ତ ସୃଷ୍ଟି   ତୁ ଏକା ପ୍ରଭୁ ବୋଲାଇ ।
ତୋହରି କରୁଣା   ଭରିଦେ କାଳିଆ   ସଭିଙ୍କ ହୃଦ ଆସନେ
ଦୟାମୟ ଦୟା   କରୁଣା ଭରିଦେ   ତୋହରି ଭକତ ଜନେ ।
ସଭିଙ୍କ ଓଠରେ   ହସ ଫୁଟି ଉଠୁ   ଅଜ୍ଞାନତା ହେଉ ଦୂର
ନିରାମୟ ହେଉ   ସଭିଙ୍କ ଜୀବନ   ଏତିକି ସୁଦୟା କର ।

୨୮ ଜୁଲାଇ ୨୦୧୮

ଅନେକ ଦିନରୁ ଦେଖିନି ତୋତେରେ ତୋ ରତନ ସିଂହାସନେ
ଆଶା ଟିକେ ମୋର ବାଇଶି ପାହାଚେ ବସିବି ଭାବଇ ମନେ ।
ଖାଲିପାଦେ ଚାଲି ତୋ ବଡ଼ଦାଣ୍ଡରେ ଯିବି ଯେ ତୋର ପାଖକୁ
ସେ ଶରଧା ଧୂଳି ମଥାରେ ଲଗାଇ ତୋ ଶ୍ରଦ୍ଧାରେ ହଜିବାକୁ ।
ଲୁହ ଧାର ମୋର ବହି ଯାଉଥିବ ତୋର ଭକ୍ତି ଭାବନାରେ
ଆହାକି ଅମୃତ କାଳିଆ ତୋ ଭାବ ସେ ଭାବ ବଡ଼ଦାଣ୍ଡରେ ।

୨୯ ଜୁଲାଇ ୨୦୧୮

ମନ କହେ କେବେ ସତରେ ହେବ କି ଏମିତି ଏ ଭାଗ୍ୟ ମୋର
କାଳିଆ ସାଆନ୍ତ କିଛିକ୍ଷଣ ପାଇଁ ହୁଅନ୍ତେ ଅତିଥି ମୋର ।
ଧୁଅନ୍ତି ଚରଣ ମୋ ଛୋଟ ହାତରେ କାଳିଆ ପାଦ ଯୁଗଳ
ପୋଛି ଦେଇ ମୋର ପଣତ କାନିରେ ହୁଅନ୍ତି ଭାବ ବିହ୍ୱଳ ।

୩୦ ଜୁଲାଇ ୨୦୧୮

କାଳିଆର ଡୋରୀ ଲାଗିଛି ଆଜି ତ ଯାଉଛି ଆଜି ମୁଁ ପୁରୀ
କେମିତି ଅଛି ମୋ କାଳିଆ ସାଆନ୍ତ ମନ ମୋର ହୁଏ ଝୁରି ।
ତା ଭାବେ ଆଖିରୁ ଲୁହ ଅସରନ୍ତି ବହିଯାଏ ନୟନରୁ
କି କହିବି ମୋର କଳା ମାଣିକକୁ ମନ ଜାଣେ ମୋ ଆଗରୁ ।
ତୋର ମୋର ଭାବ ତୁ ଜାଣୁ ମୁଁ ଜାଣେ ବୁଝି ବୁଝାଇବା କଷ୍ଟ
ତୋ ଚକା ନୟନ ଚାହିଁ ଥାଉ ମୋତେ ମୋ ଅନ୍ତରେ ଦିଶୁ ସ୍ପଷ୍ଟ ।

୩୧ ଜୁଲାଇ ୨୦୧୮

ତୋର ମୋର ଭାବ ଅତୁଟ ସମ୍ପର୍କ ଚିର ଦିନ ପାଇଁ ଥାଉ
କେହି ନଥିଲେ ବି ସାଥିରେ ମୋହର ତୋର ନାମ ତୁଣ୍ଡ ରହୁ ।
ଗାଳି ଯେ ସହଇ ଗର୍ବ ନ ସହଇ ଏ ମୋର ଜଗତନାଥ
ନିନ୍ଦା ଅପନିନ୍ଦା ସହଇ ସବୁ ସେ ଦେଉଥିଲେ ତା ଭକତ ।

✦✦✦

ପ୍ରାର୍ଥନା

ଅଗଷ୍ଟ ୨୦୧୮

୦୧ ଅଗଷ୍ଟ ୨୦୧୮

ଜଗତଯାକର   ଏକଇ ଈଶ୍ୱର
ମୋର ସେ କଳା କହ୍ନେଇ
କେବେ ମାଗେ ନାହିଁ   ସୁନା ସିଂହାସନ
ହୃଦାସନେ ବସିଥାଇ ।

୦୨ ଅଗଷ୍ଟ ୨୦୧୮

ତୋର ଦରଶନ   ଲୋଡ଼େ ମୋ ନୟନ
ଆନ କିଛି ଲୋଡ଼ାନାହିଁ
ତୋ ସାଥିରେ ଭାବ   ଥାଉରେ କାଳିଆ
ନ ଖୋଜେ କାହାକୁ ମୁହିଁ ।
ମୋର ଦୁଇ ହାତ   ତୋ ସେବାରେ ଲାଗୁ
ତୋ ସେବା ତୋ ଚିନ୍ତା ସତ୍ୟ
ଅନ୍ୟ ଯାହା କର୍ମ   କରେ ରେ କାଳିଆ
ଲାଗଇରେ ସବୁ ବ୍ୟର୍ଥ ।

୦୩ ଅଗଷ୍ଟ ୨୦୧୮

ନିଜ ନିଜ ବୋଲି   କହନ୍ତି ସଭିଏଁ
ସବୁପରା ସ୍ୱାର୍ଥ ପାଇଁ
ତୁ ଏକା ନିଜର   ଜାଣିଛି କାଳିଆ
ଆପଣା ଏକାରେ ତୁହି ।

୦୪ ଅଗଷ୍ଟ ୨୦୧୮

ଭକତ ଭାବରେ ଜଗନ୍ନାଥ ତ ବାଇଆ
ଭାବଗ୍ରାହୀ ନାମ ତେଣୁ ବହିଛି କାଳିଆ ।
ନା ଦେଖଇ ଜାତି ଗୋତ୍ର ନା ଦେଖଇ ଧନ
ନା ଖୋଜେ ସେ ପାଟ ଲୁଗା ସ୍ୱର୍ଣ୍ଣ ସିଂହାସନ ।
ଟିକିଏ ଭାବ ଭକତି ତା ପାଇଁ ତ ସବୁ
ଭାବେ ଭୁଲିଯାଏ ସିଏ ଜଗତର ପ୍ରଭୁ ।

୦୫ ଅଗଷ୍ଟ ୨୦୧୮

ନିମା ନାମେ ସିପୁଟି ଯେ ଜାତିରେ ଗୋଲକ
ତା ଭକ୍ତିରେ ତାର ଘରେ କଲ ଅନ୍ନ ଭକ୍ଷ ।
ଦୂତ ପଣେ ଯାଇ ଥିଲ ହସ୍ତିନା ଭୁବନ
ବିଦୁରର ଘରେ ପୁଣି କରିଲେ ଭୋଜନ ।
ଜାରା ନାମେ ଶବର ଯେ ଅରଣ୍ୟେ ତା ଘର
ଭକତିରେ ପୂଜିଥିଲା ବର୍ଷ ଦଶବାର ।
ଅରଣ୍ୟରୁ ଫଳ ଫୁଲ ନିତି ଆଣି ଥାଇ
ଫଳମୂଳ ଭଲ ମନ୍ଦ ଆଗେ ସେ ଚାଖଇ ।
ପିତାକଷା ଚାଖିକରି ଆଡ଼ କରିଦେଇ
ସୁଆଦ ଫଳ ଚାଖିକି ତୁମକୁ ଭୁଞ୍ଜାଇ ।
ଏମିତି ମୋ ଜଗନ୍ନାଥ ଭାବରେ ବସନ୍ତି
ଭକତ ପ୍ରେମରେ ସବୁ କିଛି ଭୁଲିଯାନ୍ତି ।
ଏମିତି ସମ ବିଚାର କିଏ ବା କରିବ
ଅନନ୍ତ କୋଟି ବ୍ରହ୍ମାଣ୍ଡ ଯିଏ ରଚିଥିବ ।

୦୬ ଅଗଷ୍ଟ ୨୦୧୮

ଜୀବନ ତ ନୁହେଁ ମାନ ଅଭିମାନ
ଗର୍ବ ଅହଙ୍କାର ଘୃଣା
ଏସବୁ ଜାଣିବି ଧନ ମାନ ଗର୍ବେ
ମଣିଷ ଅନ୍ଧ ଅଶୁଣା ।
ଧନ ଅଛି ଧନୀ କରେ ଅହଂକାର
ପାରେ କି ଜୀବନ କିଣି
ଧନ ପାରୁଥିଲେ ଜୀବନ କିଣିବା
ବଞ୍ଚିଥାନ୍ତେ ସବୁ ଧନୀ ।

୦୭ ଅଗଷ୍ଟ ୨୦୧୮

କର୍ତ୍ତବ୍ୟ କରମ ଅଟଇ ଜୀବନ
ଶ୍ରଦ୍ଧା ସ୍ନେହ ସତ୍ ଚିନ୍ତା
ଦୁଃଖ ସୁଖ ସବୁ ସମର୍ପେ ତୁମକୁ
ଆହେ ଜଗତ କରତା ।

୦୮ ଅଗଷ୍ଟ ୨୦୧୮

ଜଗବନ୍ଧୁ ଆହେ ଜଗତ କରତା
ବ୍ରହ୍ମାଣ୍ଡର ସୃଷ୍ଟିକର୍ତ୍ତା
ତୁମେ ମାତା ପିତା ତୁମେ ବନ୍ଧୁ ଭ୍ରାତା
ତୁମେ ଦଇବ ବିଧାତା ।
ଜାଣିଛି ଦୁନିଆ କେ ନୁହେଁ କାହାର
ତୁମେ ଯେ ଦୁଃଖ ସୁଖର,
ତୁମେ ଥିଲେ ପାଶେ କେହି ଲୋଡ଼ା ନାହିଁ
ନା କେହି ନିଜର ପର ।

୦୯ ଅଗଷ୍ଟ ୨୦୧୮

ଚାରିଦିଗେ ଯେବେ ଅନ୍ଧକାର ଦିଶେ
ହୋଇଯାଏ ବାଟବଣା
କି କରିବି ବୋଲି ଅନ୍ଧ ହୋଇ ବଶେ
ତୋତେ କି ତାହା ଅଜଣା ।

୧୦ ଅଗଷ୍ଟ ୨୦୧୮

ଅନ୍ଧାର ଭିତରେ ଆଶା ଆଲୋକଟେ
ଦେଖିପାରେ ମୁଁ କାଳିଆ
ସେ ପରା ତୋହର ଦୁଇ ଦିବ୍ୟ ଆଖି
ଦିଶେ ମୋତେ ଚକାଡୋଳା ।
ଦୁଃଖ ବେଳେ ମନ ହୋଇଲେ ଅଧୀର
ମନେ ପଡ଼େ ନିଜ ଲୋକ
ତୁ ଏକା କାଳିଆ ଆଖି ଆଗେ ନାଚୁ
ଦେଖାଯାଏ ତୋ ଶ୍ରୀମୁଖ ।

୧୧ ଅଗଷ୍ଟ ୨୦୧୮

ଜୀବନ ଆରମ୍ଭୁ ଏ ଯାଏ କାଳିଆ ଅନାଥର ନାଥ ହୋଇ
ସବୁବେଳେ ତୁହି ତୋ ଦୟା ଛାଇରେ ରଖିଛୁ ମୋତେ ଘୋଡ଼ାଇ ।
କହି ହୁଏ ନାହିଁ ସହି ବି ହୁଏନି ଯନ୍ତ୍ରଣା ଯାତନା ଯେତେ
ତୁ ତ ଜାଣୁ ସବୁ କହେ କି ନ କହେ ଅଜଣା କି ଅବା ତୋତେ ।
ଏତିକି ଜାଣଇ ତୁ ଯାହା କରୁ ସବୁ ମୋ ଭଲ ପାଇଁ
ଭଲ ଦେଏ ଅବା କଷ୍ଟ ଦେ ମତେ ତୋ ବିନା ସାହା ବା କାହିଁ ।

୧୨ ଅଗଷ୍ଟ ୨୦୧୮

ନିଜ ବୋଲି ମୋର ତୁ ଏକା କାଳିଆ
କେବଳ ତୁହି ଯେ ଦିଶୁ
ତୁହି ମାତା ପିତା ତୁହି ବନ୍ଧୁ ସଖା
ସେ ପାଇଁ ହୃଦୟେ ବସୁ ।

୧୩ ଅଗଷ୍ଟ ୨୦୧୮

ମୁଁ ଯାହା ଭାବଇ ମୁଁ ଯାହା ଚିନ୍ତଇ
ମୋ ଆଗରୁ ଜାଣ ତୁମେ
ମୁଁ ଯାହା କରଇ ମୁଁ ଯାହା କହଇ
ଜାଣ ମହାବାହୁ ତୁମେ ।
ମୁଁ ତ ଅଟେ ଛାର ମଣିଷ ମାତର
ଛୋଟ ଚିନ୍ତା ଛୋଟ ବୁଦ୍ଧି
ଅବାଟରୁ ବାଟେ ଅନ୍ଧାରୁ ଆଲୋକେ
ଯିବାକୁ ଦିଅ ସଦ୍‌ବୁଦ୍ଧି ।
ଦିବ୍ୟ ଆଶୀର୍ବାଦ ଅଜାଡ଼ି ଦିଅ ହେ
ତୁମ ମହାବାହୁ ଟେକି
ଏ ବିଶ୍ୱ ସଂସାରେ ଜନ ମାନସରେ
ସୁଖ ଶାନ୍ତି ଦିଅ ଲେଖି ।

୧୪ ଅଗଷ୍ଟ ୨୦୧୮

ମୁଁ ଛାର ମଣିଷ   କେମିତି ଜାଣିବି
      ଠିକ୍ ଭୁଲ୍‌ର ବିଚାର
କରମ କରଇ   କର୍ତ୍ତବ୍ୟ କରୁଛି
      ତୁମେ ଜାଣ ଚରାଚର ।
ଅବିରତ ହସ୍ତ   କର୍ମ କରୁ ମୋର
      ନି ଦିଏ କା ମନେ କ୍ଷତ
ଦିବା ଅବଶେଷେ   ଶୟନ ଆଗତେ
      ତୁମ ପାଦେ ସମର୍ପିତ ।

୧୫ ଅଗଷ୍ଟ ୨୦୧୮

ବୟସରକ ଗତି   ଆଗକୁ ଆଗକୁ
      ଦିନ ବର୍ଷ ଯାଏ ବିତି
କେତେ ଯେ ଗଲାଣି   ଜାଣିଛି ମୁଁ ସିନା
      ତୋତେ ଜଣା କେତେ ବାକି ।
ନିଜର ନିଜର   କହନ୍ତି ସମସ୍ତେ
      ଏ ମନ ମାନେକି ସତେ
କଥାରେ ସଂସାରେ   ସଭିଏଁ ନିଜର
      ନୁହେଁ ମୋର ଚଲାପଥେ ।
କରମ ମୋହର   ଏକଇ ନିଜର
      ଯାହା ମୁଁ କରେ ମୋ ହସ୍ତେ
ମୋ କରମ ଫଳ   ତୋ ହାତେ କାଳିଆ
      ସବୁତ ତୋ ଆଜ୍ଞା ମତେ ।

୧୬ ଅଗଷ୍ଟ ୨୦୧୮

କେଉଁ ନାମ ଧରି   ଡାକିବି ତୋତେରେ
      ସର୍ବ ନାମ ତୁହି ହରି
ଦୁବ ଠାରୁ ଦାରୁ   ଜୀବଠୁ ଜୀବନ
      ସବୁଠି ସ୍ଥିତି ତୋହରି ।

୧୭ ଅଗଷ୍ଟ ୨୦୧୮

ପ୍ରହ୍ଲାଦ ଡାକନ୍ତେ   ନରସିଂହ ରୂପେ
ସ୍ତମ୍ଭରୁ ହେଲ ବାହାର
ମୃଗୁଣୀର ଡାକ   ଏତେଦୂରୁ ଶୁଣି
କରିଥିଲ ରକ୍ଷା ତାର ।
ଭକତ ଡାକିଲେ   ତୁମକୁ ହୃଦୟେ
କି ପାଶ କି ଅବା ଦୂର
ନାନା ରୂପେ ତୁମେ   ଭିନ୍ନ ରୂପ ଧରି
ବିପଦୁ କର ଉଦ୍ଧାର ।

୧୮ ଅଗଷ୍ଟ ୨୦୧୮

ତୋ ଦିବ୍ୟ ମୂରତି   ତୋର ଚକା ଆଖି
କି ଯାଦୁ କରିଛି ମୋତେ
ସବୁ ଭୁଲିଯାଏ   ଏ ମନଟି ମୋର
ଭୁଲିନି କେବେରେ ତୋତେ ।

୧୯ ଅଗଷ୍ଟ ୨୦୧୮

କି ସୁଖ ସମ୍ପଦ   କି ଯଶ ସମ୍ମାନ
ସବୁଲାଗେ ମୋତେ ତୁଚ୍ଛ
ଦୁଃଖ ହେଉ ଅବା   ଅନ୍ଧକାର ହେଉ
ତୋ ଶ୍ରୀମୁଖ ଦିଶେ ସ୍ୱଚ୍ଛ ।

୨୦ ଅଗଷ୍ଟ ୨୦୧୮

ସବୁବେଳେ ଦିଶେ   ମୋ ମନ ହୃଦୟେ
ଅଧାରଙ୍ଗା ତୋର ହସ
ଦୁଃଖ ଯାତନାରେ   ଭାଙ୍ଗି ଗଲାବେଳେ
ଏକା ହିଁ ତୁ ମୋ ବିଶ୍ୱାସ ।

୨୧ ଅଗଷ୍ଟ ୨୦୧୮

ଜଳ ସ୍ଥଳ ମହାଶୂନ୍ୟ ରଶ୍ମୀ ଅନ୍ଧକାର
ଅସୀମ ରୂପରେ ସ୍ଥିତି ଅସୀମ ଈଶ୍ୱର,
ସର୍ବଶକ୍ତି ସର୍ବବ୍ୟାପୀ ତୁମେ ଶୂନ୍ୟକାର
ଅନନ୍ତ ଅଦୃଷ୍ଟ ଶକ୍ତି ସ୍ୱୟଂ ନିରାକାର ।

୨୨ ଅଗଷ୍ଟ ୨୦୧୮

ଆଦିକର୍ତ୍ତା ସୃଷ୍ଟିକର୍ତ୍ତା ଅସଂଖ୍ୟ ରୂପର
ସର୍ବଦେବ ପରମାତ୍ମା ବ୍ୟାପ୍ତ ଚରାଚର ।
ଆରମ୍ଭ ତୁମରି ନାମେ ତୁମ୍ଭନାମେ ଶେଷ
ହରିନିଅ ମହାବାହୁ ଜଗତର କ୍ଳେଶ ।

୨୩ ଅଗଷ୍ଟ ୨୦୧୮

କାଳିଆ ଆସିଛିରେ ସ୍ନାହାନ ମଣ୍ଡପକୁ
ରତନ ବେଦୀ ଛାଡ଼ି ଆସିଛି ବାହାରକୁ
ଭକତ ରସିକ ଯେ ଏ ମୋ କଳା କହ୍ନେଇ
ଖୋଜେ ବାହାନା ସେତ ଭକତ ଦେଖା ପାଇଁ ।
ଶୀତଳ ସୁବାସିତ ଜଳେ ସ୍ନାହାନ କରି
ସଜ ହୋଇବ ଆଜି ମଣ୍ଡପେ ବସିକରି ।
ଭକତଙ୍କ ଭିଡ଼ରେ ଭକତ ହରି ଦେଖ
ହରଇ ଭକତଙ୍କ ସକଳ ଦୁଃଖ ଶୋକ ।

୨୪ ଅଗଷ୍ଟ ୨୦୧୮

ଏମିତି ଠାକୁର ଜଗତରେ କାହିଁ ଯେ ମୋ ଜଗନ୍ନାଥ ପରି
ଦେଖାଦିଏ ସେ ତା ଭକତଙ୍କୁ ପୁଣି ଭକତ ମନକୁ ପଢ଼ି ।
ଭକ୍ତ ମନ ଜାଣି ନିଏ ନୂଆ ବେଶ ଯେମିତି ଚାହେଁ ଭକତ
ଗଜାନନ ବେଶେ ଦର୍ଶନ କରିଲେ ଭକ୍ତ ଗଣପତି ଭଟ୍ଟ ।
ମନ ପଢ଼େ ବୋଲି ମନ ଚିହ୍ନେ ବୋଲି ମନୁଆ କଳା ସାଆନ୍ତ
ମନର ଠାକୁର ହଟିଆ କାଳିଆ ତା ପ୍ରେମେ ବାଇଆ ଭକ୍ତ ।

୨୫ ଅଗଷ୍ଟ ୨୦୧୮

ଜଗନ୍ନାଥ ମୋର ଲୋକଙ୍କର ନାଥ
ଲୋକଙ୍କର ବୁଝେ ମନ
ବଡ଼ପଣ ଭୁଲି ରତ୍ନବେଦୀ ଛାଡ଼ି
କରଇ ବାହାରେ ସ୍ନାନ ।
ଜଗତ ଜନଙ୍କୁ କହଇ ଯେମିତି
ସେ ଯେ ଭକତ ଅଧୀନ
ସୁନାର ଆସନ ଲୋଡ଼ା ନାହିଁ ତାର
ଭକ୍ତ ହୃଦେ ତାର ସ୍ଥାନ ।

୨୬ ଅଗଷ୍ଟ ୨୦୧୮

ଏ ଭାଗ୍ୟ କେବେ ହେବ ହେ ମୋ କଳା କହ୍ନେଇ
ତୋ ସ୍ନାନ ଯାତ୍ରା ଥରେ ଦେଖିବି ନେତ୍ରେ ମୁହିଁ
ସ୍ନାନ ମଣ୍ଡପେ ମୁହିଁ ଦେଖିବି ଥରେ ତୋତେ
ଏତିକି ତୋ କରୁଣା କେବେ ହୋଇବ ସତେ ।
ଦୂର କରିଛୁ ସିନା କରିବୁ ନାହିଁ ପର
କେବେ ଲଗାଇବୁରେ ଏ ଦାସ ଠାରେ ଡୋର ।

୨୭ ଅଗଷ୍ଟ ୨୦୧୮

ତହ ତହ ଖରା ବରଷେ ଅନଳ
କେମିତି ଜାଣିବୁ ତୁହି
ସୁବାସ ଚନ୍ଦନ ଲାଗେ ତୋ ଦେହରେ
ଗମ୍ଭୀରା ଭିତରେ ରହି ।
ପତିତ ପାବନ ତୋ ଶୀତଳ ଛାୟା
ଦେଏରେ ଖେଳାଇ ଥରେ
ପତିତ ଜନଙ୍କୁ ଉଦ୍ଧାର କରିଦେ
ତୋହରି ଭୁଜ ଛାୟାରେ ।

୨୮ ଅଗଷ୍ଟ ୨୦୧୮

ତୋ କଳାରେ କାହିଁ ଏତେ ଆକର୍ଷଣ
ସବୁ ରଙ୍ଗ ଲାଗେ ଫିକା
ଇନ୍ଦ୍ରଧନୁ ସପ୍ତ ରଙ୍ଗ ତା ପାଖରେ
ଲାଗଇ ତ ଭାରି ଏକା ।
ତୋ କଳା ରଙ୍ଗଟି ମନ ମୋହିନିଏ
ଗାଢ଼ ରଙ୍ଗଟିଏ ପରି
ଥରେ ସେ ଛିଟିକା ରଙ୍ଗ ଲାଗିଗଲେ
ସବୁତ ହୁଏ ପାଶୋରି ।

୨୯ ଅଗଷ୍ଟ ୨୦୧୮

ରାଜାଧିରାଜ ହୋଇ ବସିଥା ସିଂହାସନେ
ଦାସିଟେ ବୋଲି ତୁହି ରଖିଥା ତୋ ଚରଣେ
ତୋ ପାଇଁ ଫୁଲମାଳ ଗୁନ୍ଥୁଥାଏ ମୁଁ ବସି
ତୋର ଦିବ୍ୟ ରୂପ ଦେଖି କଟୁ ମୋ ଦିବାନିଶି ।
ଘୋରୁଥିବି ଚନ୍ଦନ ତୋ ଦେହେ ଲେପୁ ଥିବି
ତୋ କଳା ଦେହେ ବୋଲି ଶାନ୍ତି ମୁଁ ଲଭୁଥିବି ।
ଜୀବନ ଧନ୍ୟ ହେବ ତୋ ନାମ ତୁଣ୍ଡେ ଧରି
ତରି ଯିବି ସଂସାରୁ ତୋ ପାଦ ସେବା କରି ।

୩୦ ଅଗଷ୍ଟ ୨୦୧୮

ଯାହା ତୁ ଦେଇଛୁ ସବୁ ତ ଦୟା ତୋର
କିଛି ଅଛି ଅରପିବି କହ ତୋର ପୟର
ଦାତାର ଦାନ ଯଦି ଦାତାକୁ ଅରପିବି
କି ଯଶ ଅବା ମୁହିଁ ଜୀବନରେ ଲଭିବି ।
ଏ ମନ ହୃଦୟ ତ ତୋହରି ଦାନ ପ୍ରଭୁ
ତୋର ଚରଣେ ମୁହିଁ ଅରପିଛି ତ ସବୁ ।

୩୧ ଅଗଷ୍ଟ ୨୦୧୮

ନିଜର ବୋଲି ମୁଁ ଜାଣେ
ତୁ ଏକା କାଳିଆ ଧନ
ତୋତେ ଦେଖି ବିତିଯାଏ
ବର୍ଷ ମାସ ରାତି ଦିନ ।
ସୁଖ ଦୁଃଖ ଯାହା ଦେଉ
ମୋହରି ଚଲାପଥରେ
ତୋର ଇଚ୍ଛା ବୋଲି ଭାବି
ଆଦରି ନିଏ ଖୁସିରେ ।
ନ ଥାଏ ମୋ ଡର ଭୟ
ତୁ ପାଶେ ଅଛୁ ବୋଲି
ଏ ଜୀବନ ମନ ମୋର
ତୋ ପାଦେ ସମର୍ପି ଦେଲି ।

✦✦✦

ନୈବେଦ୍ୟ

ସେପ୍ଟେମ୍ବର ୨୦୧୮

୦୧ ସେପ୍ଟେମ୍ବର ୨୦୧୮

ମନ ପକ୍ଷୀ ମୋର   ଝୁରେ କାଳିଆରେ   ପ୍ରାଣ ପକ୍ଷୀ ମୋର ଝୁରେ
ତୋର କଥା ଚିନ୍ତି   ତୋର କଥା ଭାବି   ମୋର ପରା ଦିନ ସରେ ।
ଡେଣା ଥିଲେ ମୋର   ଯାଇଥାନ୍ତି ଉଡ଼ି   ତୋର ସେ ଶିରୀକ୍ଷେତ୍ରକୁ
ତୋର ଦରଶନ   କରିରେ କାଳିଆ   ଶାନ୍ତି ମିଳନ୍ତା ମନକୁ ।

୦୨ ସେପ୍ଟେମ୍ବର ୨୦୧୮

ସମସ୍ତେ କହନ୍ତି   କାଳିଆକୁ ମୋର   ହଟିଆ ନାଟୁଆ ବୋଲି
ଅଣସର ଘରେ   ଅଛି ମୋର ଧନ   ଶ୍ରୀକ୍ଷେତ୍ର ଲାଗଇ ଖାଲି ।
ବଡ଼ଦାଣ୍ଡେ ଭିଡ଼   ଲାଗୁନାହିଁ ଏବେ   ଆନନ୍ଦ ବଜାର ଖାଲି
ଲକ୍ଷ୍ମୀ ଠାକୁରାଣୀ   କହନ୍ତି ମଉନେ   କାହିଁକି ରାନ୍ଧିବି ବୋଲି ।
ଯାହାଲାଗି ହାଟ   ଯାହାଲାଗି ନାଟ   ସେ ତ ଅଣସର ଘରେ
କେମିତି ଅଛି ମୋ   କାଳିଆ ସାଆନ୍ତ   ଭକ୍ତ କହେ କୋହ ଭରେ ।

୦୩ ସେପ୍ଟେମ୍ବର ୨୦୧୮

ମଣିଷ ଦେଖାଏ   ଗର୍ବ ଅହଂକାର   ହିଂସା ଓ ପ୍ରଭୁତ୍ୱ ଖେଳା
ପ୍ରଭୁ ହୋଇ ମୋର   କାଳିଆ ସାଆନ୍ତ   କରେ ମାନବୀୟ ଲୀଳା ।
ସ୍ନାନ ମଣ୍ଡପରେ   ଶହେ ଆଠଗରା   ପାଣିରେ କରି ସ୍ନାହାନ
ସୁବାସିତ ଜଳେ   ଗାଧୋଇ ହୋଇଲା   ଅସୁସ୍ଥ ମୋହରି ଧନ
କେତେ ଯେ ସେବକ   ଦଇତା ପତି ବି   ଲାଗିଛନ୍ତି ତା ସେବାରେ
ଜର ହୋଇଛି ମୋ   ସାଆନ୍ତକୁ ପରା   ଅଛି ଅଣସର ଘରେ ।
ଦଶମୂଳ ଏବେ   ହେଲାଣି ତିଆରି   ମହୌଷଧି ହେବ ଲାଗି
ତା ସୁସ୍ଥ ଖବର   ଦେବେ ତା ସେବକେ   ବସିଅଛି ମୁଁ ଯେ ଜଗି ।
ଏମିତି ସାଆନ୍ତ   ଜଗତେ ବିଖ୍ୟାତ   କରେ ଲୀଳା ଖେଳା କେତେ
ମୁଁ ମୁଁ ବୋଲି   ମଣିଷ କହଇ   ଅହଂକାର ହିଂସା ପଥେ ।

୦୪ ସେପ୍ଟେମ୍ବର ୨୦୧୮

ତୁଳସୀ ଲାଗୁନି   କାଳିଆକୁ ମୋର   ନା ରଙ୍ଗବେରଙ୍ଗ ଫୁଲ
ଅସୁସ୍ଥ ଦେହରେ   ଏସବୁ ଦେହକୁ   ଅବା କି ଲାଗଇ ଭଲ ।
ସାରା ଜଗତକୁ   ଚଳାଏ କାଳିଆ   ଜଗତ ଜନଙ୍କ ଚିନ୍ତା
ମୁରବୀ ହୋଇବା   ସହଜ କି ଭଲା   କହନ୍ତି ସଭିଏଁ କଥା ।
ନିନ୍ଦା ଗାଳି ପୁଣି   କିଏ କେତେ କଥା   କହନ୍ତି ମୋ କାଳିଆକୁ
ବଡ଼ିମା ଦେଖାଏ   ବଡ଼ ଲୋକ ହୋଇ   ଏ ନିନ୍ଦା ଦିଅନ୍ତି ତାକୁ ।
ଷାଠିଏ ପଉଟି   ଖାଏ ଶ୍ରୀମନ୍ଦିରେ   କହନ୍ତି ବି ତାକୁ ଜନେ
ଶାଗଭଜା ଯେବେ   ଖାଇଥିଲା ସେତ   ପାଶୋରି ଗଲାକି ମନେ ।
ବଡ଼ ଛୋଟ ଭାବ   କରେନି କାଳିଆ   ସଭିଙ୍କୁ ମଣଇ ସମ
ସଭିଏଁ ତ ତାର   ସିଏ ସଭିଙ୍କର   ଅବିରତ କରେ କର୍ମ ।

୦୫ ସେପ୍ଟେମ୍ବର ୨୦୧୮

ଅଣସରେ ରହିଛି ମୋ କାଳିଆ ସାଆନ୍ତ
ଗାଧୋଇ ସ୍ନାନ ମଣ୍ଡପେ ହୋଇଛି ଅସୁସ୍ଥ ।
ଦୁର୍ବଳ ନୁଖୁରା ଦେହ ଦିଶୁଥିବ ତାର
ସେବକେ ସେବାରେ ରତ କଳା ସାଆନ୍ତର ।
ଫୁଲେରୀ ତେଲ ଲାଗିବ ଦିବ୍ୟ ଅଙ୍ଗେ ତାର
ଦଶ ମୂଳ ମହୌଷଧି କରିବ ଆହାର ।
ଜଗତ ଭକତ ତାକୁ ଅନାଇ ଅଛନ୍ତି
ତା ଦିବ୍ୟ ବେଶ ଦେଖିବେ ଚାହିଁ ରହିଛନ୍ତି ।
ସେ ସୁନ୍ଦର କଳା ମୂର୍ତ୍ତି ଭାବ ବିନୋଦିଆ
ଭାବରେ ଭାନ୍ଦି କନ୍ଦାଏ ମୋ ଜଗାକାଳିଆ ।

୦୬ ସେପ୍ଟେମ୍ବର ୨୦୧୮

ତୋ ଦୟାରେ   ମୋର ଚଳଇ ସଂସାର କରିଛ ଭରସା ତୋତେ
ଜୀବନ ଦଉଡ଼ି   ତୋହରି ହାତରେ   ଚାଲେ କଣ୍ଟକିତ ପଥେ ।
ଦୁଃଖ ସୁଖ ସବୁ   ଅରପି ଦେଇଛି   ତୋର ପାଦ ପଦ୍ମ ତଳେ
ଯାହା ଆସୁ ପଥେ   ଧୈର୍ଯ୍ୟ ଦେ କାଳିଆ   ପୂଜେତୋ ପଦ୍ମଯୁଗଳେ ।

୦୭ ସେପ୍ଟେମ୍ବର ୨୦୧୮

ସଭିଏଁ ଲଢ଼ନ୍ତି ଜୀବନ ଯୁଦ୍ଧରେ
ଦିବାନିଶି ପ୍ରତିକ୍ଷଣ
ଫଳ ପ୍ରତିଫଳ ହାରିବା ଜିତିବା
ତୁମେ ପ୍ରଭୁ ଏକା ଜାଣ ।
କେ ଲଢ଼େ ଜୀବନେ କନା ଖଣ୍ଡେ ପାଇଁ
ପିନ୍ଧୁଥାଏ କିଏ ପାଟ ।
ଧନ ଭରା ଥାଇ ଜନର ଅଭାବେ
କିଏ ଭୋଗୁଥାଏ କଷ୍ଟ
କାହା ଘରେ ଭରା ଅନେକ ମଣିଷ
ଭୋକରେ ପୁରଇ ପେଟ ।
ତୁମ ମାୟା ପରା ତୁମ୍ଭକୁ ଯେ ଜଣା
କେମିତି ବୁଝିବି ମୁହିଁ
ସେ ପାଇଁ ମୋ ଦୁଃଖ ଅବା ମୋର ସୁଖ
ତୁମ ପାଦେ ଭାବଗ୍ରାହୀ ।

୦୮ ସେପ୍ଟେମ୍ବର ୨୦୧୮

ଜୀବନ ଯମୁନା ବହିତ ଚାଲଇ
ମାୟା ମୃଗୁଣୀର ପଛେ
ଆଶା ନଈ ଢେ଼ଉ ଆଗକୁ ଟାଣଇ
ଧାଏଁ ତ ମଣିଷ ମିଛେ ।
ଧନ ବାକ ଐଶ୍ୱର୍ଯ୍ୟ ଅଟେ ଦି ଦିନିଆ
ତା ସାଥେ ରୂପ ଯୌବନ
ନିଃଶ୍ୱାସକୁ ଯେବେ ବିଶ୍ୱାସ ନଥାଏ
କାହିଁ କରେ ଲୋଭ ମନ ।
ତୁମେ ଏକା ସିନା ଅନାଦି ଅନନ୍ତ
ମହୀରେ ଏକା ହିଁ ସ୍ଥିତ

ଦୁବ ଠାରୁ ଦାରୁ ଜଡ଼ରୁ ମାନବ
ତୁମ ପାଇଁ ଆତଯାତ ।
ତୁମେ ଅନ୍ତର୍ଯାମୀ ତୁମେ ପରାତ୍ପର
ଅଟ ଅନାଥର ନାଥ
ଅଗତିର ଗତି ପତିତ ପାବନ
ଏକସତ୍ୟ ଜଗନ୍ନାଥ ।

୦୯ ସେପ୍ଟେମ୍ବର ୨୦୧୮

ଭାବିର ଭାବରେ ଆ କି ନ ଆସେ
ଅଭାବୀ ଭାବରେ ଆସୁ
ମନର ଭାବରେ ଆସୁରେ କହ୍ନେଇ
ହୃଦୟରେ ତୁହି ବସୁ ।
ଅନ୍ଧର ଲହୁଡ଼ି ଛୋଟା ଆଶା ବାଡ଼ି
ଗରିବର ତୁହି ଧନ
ମୂକର ମୁଖରେ ଜଗନ୍ନାଥ ନାମ
ବଧୀର ଶୁଣେ ତୋ ଗାନ ।
ବଡ଼ ଯାଦୁଗର ଜଗତେ ତୁ ପରା
କରି କରୁଥାଉ ତୁହି
ପଙ୍ଗୁ ଲଙ୍ଘେ ଗିରି ତୋହରି ଆଶିଷେ
ସବୁ ବଶ କରୁ ତୁହି ।
ଜଗତେ ବାଜଣା ବଡ଼ଖିଆ ବୋଲି
ବଡ଼ କାମ ସବୁ ତୋର
ମାୟାବି କହ୍ନେଇ ତୋର ପରାକ୍ରମ
ବୁଝେକି ଏ ଛାର ନର ।

୧୦ ସେପ୍ଟେମ୍ବର ୨୦୧୮

ସାଲବେଗ ପରି ଭକତ ନୁହେଁ ମୁଁ
ନୁହେଁ ଭକତ ବିଦୂର
ନନ୍ଦିଘୋଷ ସତେ ଅଟକି ଯିବ କି
ଶୁଣି ମୋ ଭକତି ସୁର ।
ନା ଅବା ଏତିକି ଭକତି ମୋହର
ତୋଷାଇ ପାରେ ତୋ ମନ
ଶାଗ ଭଜା ଦେଇ କିଣିକି ପାରିବି
କାଳିଆ ତୋହର ମନ ।
ଜଗତରେ ତୋର ସହସ୍ର ଭକତ
ଅଜଣା ମୁଁ ଅକିଞ୍ଚନ
ଭକତ ଭକତି ଥାଉ କି ନ ଥାଉ
ଜାଣେ ତୁହି ଭଗବାନ ।

୧୧ ସେପ୍ଟେମ୍ବର ୨୦୧୮

ଅଧାଗଢ଼ା ଦିଅଁ କହଇ ଦୁନିଆ
ଏକା ତୁ କାଳିଆ ପୂର୍ଣ୍ଣ
ଏକ କଳା ନୁହେଁ ଷୋହଳ କଳା ତୁ
ସାରା ଦୁନିଆ ଯେ ଶୂନ୍ୟ ।
ନିରବ ନିଶ୍ଚଳେ ରତନ ବେଦୀରେ
ଦାରୁ ବ୍ରହ୍ମ ବସିଥାଉ
ଭକତର ଦୁଃଖ ଅବା ଭକ୍ତ ସୁଖ
ସବୁ ତୁହି ବୁଝୁଥାଉ ।
ଭାବଗ୍ରାହୀ ନାମ ବହିଛୁ କାଳିଆ
ଭାବରେ ହୋଇଛୁ ଛନ୍ଦା
ଭକ୍ତି ଆଗେ ତୁହି ହାର ମାନିଯାଉ
ଭକ୍ତ ମନୋଭାବେ ବନ୍ଧା ।

୧୨ ସେପ୍ଟେମ୍ବର ୨୦୧୮

ବନ୍ଧୁ ବୋଲି ଭାବି ବନ୍ଧୁତା କରିଛି
ଭାବ କରିଛି ତୋ ସାଥେ,
ବଡ଼ବୋଲି ତୁହି ବଡ଼ିମା ଦେଖାଇ
ଭୁଲି ଯାଉ ସିନା ମୋତେ ।
ବରଷକେ ହେଉ ହେଉ ବର୍ଷାଧିକ
ଆସଇ ମୁଁ ତୋ ପାଖକୁ ।
ବଡ଼ପଣ ତୋର ପାଏ କିବା ଶୋଭା
ଭୁଲି ମୋ ବନ୍ଧୁ ଭାବକୁ ।
ହାତ ଦୁଇ ମୋର କରୁଥାଉ କାମ
ଅବିରତ ଦିନ ରାତି
ତୋ ସେବାରେ ଲାଗି ବନ୍ଧୁର କର୍ତ୍ତବ୍ୟ
କରୁଥାଏ ମୁହିଁ ନିତି ।
ଏବେ ଭୁଲିଗଲେ ଭୁଲିଯା କାଳିଆ
କରିବିନି ଊଣା ମନ
ଥରୁଟିଏ ଦେଖା ଦେବୁରେ କାଳିଆ
ଯେବେ ଯିବ ପିଣ୍ଡୁ ପ୍ରାଣ ।

୧୩ ସେପ୍ଟେମ୍ବର ୨୦୧୮

ତୋର ଦରଶନ ଲୋଡ଼େ ମୋ ନୟନ
ତୁଣ୍ଡ ଭଜୁ ତୋର ନାମ
ସବୁ ଚିନ୍ତା ଭୁଲି ତୋର ଭାବନାରେ
ତୋତେ ଖୋଜୁ ମୋର ମନ ।
ସଂସାର ବନ୍ଧନେ ବନ୍ଧା ମୋ ଶରୀର
ମନ ବନ୍ଧା ତୋ ପାଖରେ
ହାତ ଗୋଡ଼ ମୋର କାମ କରୁଥାଏ
ତୋ ନାମ ସବୁ ଆଗରେ ।

୧୪ ସେପ୍ଟେମ୍ବର ୨୦୧୮

ସୁଖରେ ଦୁଃଖରେ   ହସରେ ଲୁହରେ
                  ଥାଅ ସଦା ମୋର ସାଥେ
ଜୀବନ ରାସ୍ତା ଯେ   ଅନେକ କଠିନ
                  ନିଅ ମୋତେ ସତ୍ୟ ପଥେ ।
ଠିକ୍ ଅବା ଭୁଲ୍   ବିଚାରିବା ପାଇଁ
                  କହିବା ଶକତି ମୋର
ସାଥେ ମୋର ରହି   ସଖା ମୋର ହୋଇ
                  ଧରି ନିଅ ମୋର କର ।

୧୫ ସେପ୍ଟେମ୍ବର ୨୦୧୮

ଯେଉଁ ଦିଗ ଦେଖେ   ଯେଉଁ ଆଡ଼େ ଚାହେଁ
                  ସବୁ ଦିଶେ ଅନ୍ଧକାର
ସବୁ କଳା କଳା   ଦିଶେ ଘୋର କଳା
                  ଲାଗେ ମୋତେ ଭାରି ଡର ।
ସେ କଳା ଭିତରେ   ଦିଶିଯାଏ ମୋତେ
                  ମୋ ସେ କଳା ଧୀବର
କଳା କଳା ଆଖି   ଷୋହଳ କଳା ଯେ
                  ମୋହରି କଳା ଠାକୁର ।
ସଂସାର ବନ୍ଧନେ   ସାଂସାରିକ ହୋଇ
                  ଯେବେ ଚାଲେ ସେତେ ଝୁଣ୍ଟେ
ମୋ କଳା କହ୍ନେଇ   ଏକା ମୋର ସଖା
                  ସେଇ ଏକା ଦୁଃଖେ ସୁଖେ ।

୧୬ ସେପ୍ଟେମ୍ବର ୨୦୧୮

କେତେ ଯେ ଗଲେଣି   କେତେ ପୁଣି ଯିବେ
                  ବାନ୍ଧିଛନ୍ତି ଦେଖ ଧାଡ଼ି
ସମୟ ସୁଅରେ   ଜୀବନର ରଥ
                  ଚାଲୁଥାଏ ଗଡ଼ି ଗଡ଼ି ।

ଗତ କାଲି ଗଲେ   କିଏ ମୋ ନିଜର
ଆଜି ପୁଣି କାର ବେଳ
କାଲି ଦେଖିବାକୁ   କାହା ପାଇଁ ଅଛି
କେ ଜାଣେ ଦଇବ ଖେଳ ।
ତୁମେ ଚିର ସତ୍ୟ   ତୁମେ ଏକା ନିତ୍ୟ
ତୁମେ ହିଁ ଜଗତେ ସତ୍ୟ
ତୁମ ବିନା ପ୍ରଭୁ   ଛାର ଏ ମଣିଷ
ଦେଖାଅ ହେ ଧର୍ମ ପଥ ।

୧୭ ସେପ୍ଟେମ୍ବର ୨୦୧୮

ସଭିଏଁ କହନ୍ତି   ନିଜର ନିଜର
ଏକା ଯେ ନିଜର ତୁହି
ମିଛ ମାୟା ଭରା   ଏ ସାରା ସଂସାର
କାହାର ନୁହଁନ୍ତି କେହି ।
ସୁଖ ବେଳେ ଏଠି   ସବୁ ଆପଣାର
ରକତ ବୋଲି ଯେ କହି
ଦୁଃଖ ଆସିଗଲେ   ରକ୍ତେ ନ ଚିହ୍ନନ୍ତି
ଯାଆନ୍ତି ମୁହଁ ବୁଲେଇ ।
ଦୁଃଖ ସୁଖ ଅବା   ରୋଗ ଶୋକ ବେଳେ
ଏକା ତୋ ନାମଟି ସାହା
ଅଗତିର ଗତି   ଦୀନବନ୍ଧୁ ସାଥୀ
ଆହାରେ ମୋର କାଳିଆ ।
ସବୁ ଭାବ ଦିନେ   ଅଭାବ ହୋଇବ
ତେ ସାଥୀରେ ଭାବ ଥିବ
ତୋ ନାମ ତୁଣ୍ଡରେ   ଅବିରତ ଗାଇ
ସତେ କି ଜୀବନ ଯିବ ।

୧୮ ସେପ୍ଟେମ୍ବର ୨୦୧୮

ତୁମେ ହିଁ ତ ବଳ ତୁମେ ହିଁ ସମ୍ବଳ
କାହାକୁ ଖୋଜିବି କାହିଁ
ମୋର ଭାଇ ବନ୍ଧୁ ସାଥି ଆପଣାର
ତୁମଠି ସବୁ ଦେଖଇ ।
ମହାଭାରତରେ ପଢ଼ିଛି ସେ କଥା
ପାଞ୍ଚ ପତି ଦ୍ରୌପଦୀର
ତୁମକୁ ଆତୁରେ ଡାକିଥିଲେ ଦିନେ
ଲଜ୍ଜାରୁ କଲ ଉଦ୍ଧାର ।
ଭାତୃବଳ ଛାଡ଼ି ବିଭୀଷଣ ପୁଣି
ତୁମରି ଶରଣ ନେଲେ
ପିତାଙ୍କଠୁ କଷ୍ଟ ପାଇ ପ୍ରହଲ୍ଲାଦ
ତୁମକୁ ଯେ ସ୍ମରି ଥିଲେ ।
ତୁମେ ଅଟ ସତ୍ୟ ତୁମେ ହିଁ ସୁନ୍ଦର
ତୁମେ ଅଟ ସର୍ବନାମ
ତୁମେ ଜଗନ୍ନାଥ ତୁମେ ଚିର ସତ୍ୟ
ତୁମେ ଅଟ ପରଂବ୍ରହ୍ମ ।

୧୯ ସେପ୍ଟେମ୍ବର ୨୦୧୮

ଜଗତେ କହନ୍ତି କାଳିଆକୁ ମୋର
ମନୁଆ ଠାକୁର ବୋଲି
ତା ଉପରେ କିଏ କରେ ଅଭିମାନ
କିଏ ଦେଉଥାଏ ଗାଳି ।
ଜଗତ ଯାକର ଚିନ୍ତା ଯେ ଜଗାର
ଆଖି ଖୋଲି ରଖିଥାଏ
ସମସ୍ତଙ୍କ ଦୁଃଖେ ରୋଗ ଅବା ଶୋକେ
ଧୈର୍ଯ୍ୟ ହୋଇ ଠିଆହୁଏ ।
ବଡ଼ଲୋକ ପୁଣି ବଡ଼ିମା ଦେଖାଏ
ଏକଥା ବି ଲୋକ କହେ

ବଡ଼ ଲୋକ ହୋଇ ଦାସିଆ ନଡ଼ିଆ
ଖାଇଥିଲା ଦିନେ ସିଏ ।
ବଡ଼ିମା ଦେଖାଏ କାଳିଆ ମୋହର
ଜଗତ ଜନ ବି କହେ
ବିଦୂରର ଘରେ ଖାଇଥିଲା ଦିନେ
ଶାଗଭଜା ପୁଣି ଯିଏ ।
ଦୀନବନ୍ଧୁ ନାମ ବହିଛି କାଳିଆ
ଜଗତର ବନ୍ଧୁ ସେହି
ସୁଦାମାଙ୍କ ସଖା ସେ କଳା ଠାକୁର
ସଖା ପାଦ ଥିଲା ଧୋଇ ।
ମନୁଆ ନୁହଁଇ ମୋ ଧନ କାଳିଆ
ଭକତ ଭାବରେ ବନ୍ଧା
ଭକତର ସେହି ଭଲ ପାଇବାରେ
ହୋଇଥାଏ ପୁଣି ଛନ୍ଦା ।
କାଳିଆରେ ମୋତେ ତୋ ଭାବ ଡୋରିରେ
ବାନ୍ଧି ଦେ ମୋର ଏ ମନ
ଗାଳି ଅଭିମାନ କରି ନାହିଁ କେବେ
ଏ ଜୀବନର ତୋର ଦାନ ।

୨୦ ସେପ୍ଟେମ୍ବର ୨୦୧୮

ଲୁହ ଦୁଇ ଧାର ଝରିପଡ଼େ କେବେ
କାଳିଆରେ ତୋ ପାଇଁ
କେତେ ସୁଖ ମୋର ଜୀବନେ ଭରିଛୁ
ତୋହରି କରୁଣା ଦେଇ ।
ତୋ ସାଥୀରେ ମୋର ଭାବ ଯେ ପୁରୁଣା
ତୁ ଜାଣୁ ମୋ ଦୁଃଖ ସୁଖ
ଅଦେଖା ମୋ ସଖା ଅଦେଖା ତା ଭାବ
ନାହିଁ ତାର ରୂପରେଖ ।

୨୧ ସେପ୍ଟେମ୍ବର ୨୦୧୮

ମଣିଷ ଜୀବନେ ଯେତେ ଯାହା କଲେ
ଆପଣା ଲୋକଙ୍କ ପାଇଁ
ପ୍ରତି ବଦଳରେ ନିନ୍ଦା ହିଁ ତ ମିଳେ
ପ୍ରଶଂସା ତ ମିଳେ ନାହିଁ ।
ତୁମ ଗଢ଼ା ଏହି ସାରା ଜଗତଟା
ଦୁବ ଠାରୁ ଦାରୁ ଯାଏ
ତା ପରେ ମଣିଷ ନିଜ ଦୁଃଖେ ପୁଣି
ତୁମକୁ ହିଁ ଗାଳି ଦିଏ ।
ମୋର କର୍ମ ଧର୍ମ ମୋର ପରିଶ୍ରମ
ସମର୍ପିଛି ତୁମ ପାଦେ
ଆହେ ଜଗନ୍ନାଥ ପତିତର ନାଥ
ନିଅହେ ଜୀବନ ପଥେ ।

୨୨ ସେପ୍ଟେମ୍ବର ୨୦୧୮

ତୋର ଦାତା ପଣ ଦେଖି ମୋର ମନ
ତୋର କଥା ଭାବେ ବସି
ସବୁ ତୋର ସୃଷ୍ଟି ଜଗତର ସ୍ରଷ୍ଟା
ଗାଳି ଖାଇ ଦେଉ ହସି ।
ଗାଳି ଅଭିମାନ ଖାଇ ପୁଣି ତୁହି
କରୁଣା ହାତ ବଢ଼ାଉ
ପତିତ ମାନଙ୍କ ସୁଖ ସୁଖି ପାଇଁ
ତୋ ଦୟା ଅଜାଡ଼ି ଦେଉ ।
ଦାରୁବ୍ରହ୍ମ ହୋଇ ରତ୍ନ ସିଂହାସନେ
ଦାରୁ ପ୍ରାୟ ବସିଥାଉ
ଜଗତ ଜନଙ୍କ ଭକତ ଜନଙ୍କ
ଗାଳି ନିନ୍ଦା ଶୁଣୁଥାଉ ।

ଷୋହଳ କଳାରୁ ଏକ କଳା ଅବା
ଅଟେ ତୋ ସହିବା ଶକ୍ତି
ସେ କଳା ଟିକିଏ ଭରିଦେ ମୋ ଦେହେ
କରେ ମୁଁ ତୋତେ ଭକତି ।
ହେ ବିଶ୍ୱ ବିଧାତା ହେ ପାଳନ କର୍ତ୍ତା
ଦୟା କରୁଣା ବାରିଧି
ତୁମ କରୁଣାରେ ଜଳରେ ତରଙ୍ଗ
ବହୁଥାଏ ମହୋଦଧି ।

୨୩ ସେପ୍ଟେମ୍ବର ୨୦୧୮

କେମିତି କାହାକୁ ଗଢ଼ିଛୁ କାଳିଆ
ସମସ୍ତେ ଅଟନ୍ତି ଭିନ୍ନ
କାହା ଦେହେ ପୁଣି କି କଳା ଭରିଛୁ
ହୋଇ ଯେ ଅତି ପ୍ରସନ୍ନ ।
କୋଇଲିର ଦେହେ କଳା ଯେ ବୋଳିଛୁ
କୁହୁତାନ କଣ୍ଠେ ଦେଇ
ପଳାଶ ଫୁଲଟି କେଡ଼େ ମନୋହର
ବାସ ଯେ ଟିକେ ନଥାଇ
କାହାର ରୂପଟି ଗଢ଼ି ଅପରୂପ
ଆଖିରେ ଦେଇନୁ ଜ୍ୟୋତି
କାହା ଘରେ ପୁଣି ବିଦ୍ୟାର ଅଭାବ
ଅଗଣିତ ଯେ ସମ୍ପତ୍ତି ।
କରି କରୁଥାଉ ତୁହିରେ କାଳିଆ
କେ ପାଇବ ତୋର ଅନ୍ତ
ମୁଁ ଛାର ମଣିଷ କେମିତି ବର୍ଣ୍ଣିବି
ଅଟେ ମୁଁ ନିମିତ୍ତ ମାତ୍ର ।

୨୪ ସେପ୍ଟେମ୍ବର ୨୦୧୮

ଆହାରେ କାଳିଆ କେମିତି କହିବି
ଏକି ଭାବ ତୋର ମୋର
ଲାଗେନିରେ ମୋତେ ଏ ଭାବ ମୋହର
ସତେ ଏହି ଜନମର ।
ଏ ଜନ୍ମର ଭାବ ହୋଇଥିଲେ କଣ
ଲାଗନ୍ତୁ ଏତେ ନିଜର
କ୍ଷଣେ ନ ଦେଖିଲେ ତୋର ସେ ଶ୍ରୀମୁଖ
ଲାଗେ ସବୁ ଅନ୍ଧକାର ।
ଏକୋଇ ଭରସା ତୁହିରେ କାଳିଆ
ସେ ଭରସା ନେଇ ଚାଲେ
ଆଶା ଓ ଭରସା ତୁହି ମୋ ଜୀବନେ
ସେ ପାଇଁ ସଂସାର ଚଳେ ।
ତୋର ନାମ ଧରି ତୋର ପୂଜା କରି
ଲଭଇ ଶାନ୍ତି ମୋ ମନ
ଏହି ଭାବ ହୃଦେ ଥାଉରେ କାଳିଆ
ଥିବା ଯାଏ ଏ ଜୀବନ ।

୨୫ ସେପ୍ଟେମ୍ବର୨୦୧୮

ଯାହା ବି ଦେଖଇ ଯୁଆଡ଼େ ଦେଖଇ
ସବୁତ ସୃଷ୍ଟି ତୁମରି
କି ଅବା ଅର୍ପିବି କିବା ସମର୍ପିବି
ତୁମ ସୃଷ୍ଟି ସବୁ ହରି ।
ତୁମ ପୂଜା ଫୁଲ ତୁମରି ତୁଳସୀ
ତୁମ ସୁଦୟାରେ ମୁହିଁ
ତୁମକୁ ଦେଉଛି ଅର୍ପଣ କରୁଛି
ଏକଥା କାହିଁକି କହି ।

ସେ ମୋ ପାଇଁ ମୋ ମନସବୁବେଳେ ଭାବେ
ତୁମେ ଏ ଅନାଥ ନାଥ ।
ତୁମ ପରି ନାଥ ଥିଲେ ମୋର ପାଶେ
କି ଦୁଃଖ ହେ ଜଗନ୍ନାଥ ।

୨୬ ସେପ୍ଟେମ୍ବର ୨୦୧୮

ମୋର ଦୁଃଖ ସୁଖ ମୋର ଭଲ ମନ୍ଦ
ଏକା ପ୍ରଭୁ ଜାଣ ତୁମେ
କର୍ମ ଅବା ଧର୍ମ ନିତ୍ୟ ଯା କରଇ
ଆରମ୍ଭେ ତୁମକୁ ସ୍ମରି
ଯାହା ମୁଁ କରଇ ଯାହା ମୁଁ ଚିନ୍ତଇ
ସବୁ ଜାଣ ତୁ ହେ ହରି ।
ଅବାଟରେ ଗଲେ କଢ଼ାଇ ନେବ ହେ
ବାଟକୁ ଯେ ହାତ ଧରି
ଅସତ୍ୟରୁ ସତ୍ୟ ଅନ୍ଧାରୁ ଆଲୋକ
ଦେଖାଅ ବିଶ୍ୱବିହାରୀ ।
ପର ବା ଆପଣା ନ ରହୁ ମନରେ
ସମ ବ୍ୟବହାର କରେ
ସମସ୍ତଙ୍କ ପାଇଁ ଦୟା ଓ କରୁଣା
ଅନ୍ୟ ଦୁଃଖେ ଲୁହ ଝରେ ।
ସଭିଙ୍କ ମୁଖରେ ହସ ଟିକେ ଲାଗି
ମିଠା କଥା ତୁଣ୍ଡେ ଥାଉ
ସମସ୍ତଙ୍କ ସୁଖ କାମନା କରଇ
ଜଗନ୍ନାଥ ମହାବାହୁ ।

୨୭ ସେପ୍ଟେମ୍ବର ୨୦୧୮

ଆହେ ଇଚ୍ଛାମୟ ତୁମରି ଇଚ୍ଛାରେ
ଯାହାବି ଦେଇଛ ମୋତେ
ଯେମିତି ପ୍ରଭୁହେ ତୁମରି ଇଚ୍ଛାରେ
ରଖିଛି ମୋତେ ଜଗତେ ।
ତୁମରି ଇଚ୍ଛାରେ ଭରିଛି ମୋ ପାଇଁ
ଜୀବନେ ସୁଖ ଅନେକ
ଯାହା ବି ଦେଇଛ ତୁମରି ଇଚ୍ଛାରେ
ହେଉ ଅବା ସୁଖ ଦୁଃଖ ।
ହାତ ଦୁଇ ଟେକି ତୁମକୁ ସମର୍ପି
ଅଛି ମୋର ଭଲ ମନ୍ଦ
ଯାହା ବି ଦେଇଛ ଆପଣାଇ ଅଛି
ହେଉ ବିଷାଦ ଆନନ୍ଦ ।
ଇଚ୍ଛାମୟ ପ୍ରଭୁ ତୁମରି ଇଚ୍ଛାରେ
ସଂସାର ଚଳଇ ଯେଣୁ
ଭରିଦିଅ ମୋର ଜୀବନର ଥାଳ
ତୁମରି ଇଚ୍ଛାରେ ତେଣୁ ।

୨୮ ସେପ୍ଟେମ୍ବର ୨୦୧୮

ଅନ୍ତର୍ଯ୍ୟାମୀ ବୋଲି ସଭିଙ୍କ ଅନ୍ତର
ବୁଝିପାର ପରା ତୁମେ
କିଏ ଅବା ଥାଉ ରାଜଉଆସରେ
ଅବା ଥାଉ କେଉଁ କୋଣେ ।
ଏକା ତୁମେ ଅଟ ଜଗତେ କେବଳ
ଏକା ଜଗତର ସ୍ୱାମୀ
ରାଜା ମହାରାଜା ବଡ଼ ଅବା ସାନ
ତୁମ ପାଦେ ଥାନ୍ତି ନମୀ ।

କେତେ ସାଧୁ ସନ୍ଥ   କେତେ ମୁନି ଜ୍ଞାନୀ
                    ତୁମ ନାମଟିକୁ ଗାଇ
ଅଜାମିଳ ମୁଖେ   ତୁମ ନାମ ଧରି
                    ପାଇ ଗଲେ ପୁଣି ତ୍ରାହି ।
ତୁମେ ସୁଖ ଶାନ୍ତି   ତୁମେ ଚିର ସତ୍ୟ
                    ତୁମେ ହିଁ ପରମ ବ୍ରହ୍ମ
ଆହେ ଜଗନ୍ନାଥ   ତୁମ ନାମ ଜପି
                    ହେଉ ଏ ଜୀବନ ଧନ୍ୟ ।

୨୯ ସେପ୍ଟେମ୍ବର ୨୦୧୮

ତୋ ମହାପ୍ରସାଦ   କେଉଁଠୁ ପାଇବି
                    କାଳିଆରେ ସବୁଦିନ
ମନ ମୋ ଭାବଇ   ତୁ ଥିଲେ ପାଖରେ
                    ଭାତ ହୋଇଯାଏ ଅନ୍ନ ।
ତୋର ପାଖେ ଲାଗେ ଛପନ ଭୋଗରେ
                    ମୋର ଘରେ ଡାଲି ଭାତ
ମୋର ଡାଲି ଭାତ   ଖାଇବା ଆଗରୁ
                    ସମର୍ପଇ ତୋତେ ନିତ୍ୟ ।
ମନରେ ତୋ ଭାବ   ଥିଲେରେ କାଳିଆ
                    ପଖାଳ ହେଉ କି ଶାଗ
ସେ ପଖାଳ ଶାଗ   ମହ ମହ ବାସେ
                    ଲାଗଇ ମହାପ୍ରସାଦ ।

୩୦ ସେପ୍ଟେମ୍ବର ୨୦୧୮

ପଥ ବି ତୋହର   ପଥିକ ବି ତୋର
                    ପଥ ବି ଦେଖାଉ ତୁହି
ତୋହର ଇଚ୍ଛାରେ   ଜୀବନର ପଥ
                    ଚାଲଇ କାଳିଆ ମୁହିଁ ।

ପଥ ବି ଜଟିଳ   ପଥ କଣ୍ଟକିତ
              କେବେ ବର୍ଷା କେବେ ଖରା
କେବେ ଶୀତ ପୁଣି   କେବେ ଯେ କୁହୁଡ଼ି
              ଧୂଆଁ ଦିଶେ ପ୍ରଭୁ ଧରା ।
ସେ ଧୂଆଁ ଭିତରେ   ସବୁ ଧୂଆଁମୟ
              ଦିଶଇ ଗୋଟିଏ ରୂପ
ତାକୁ ଦେଖି ନିତ୍ୟ   ଦୁଃଖ କଷ୍ଟ ଭୁଲେ
              ସେ ମୋର କଳା ଶ୍ରୀମୁଖ ।

✦ ✦ ✦

ନିର୍ମାଲ୍ୟ
ଅକ୍ଟୋବର ୨୦୧୮

୧ ଅକ୍ଟୋବର ୨୦୧୮

କେବେ ଖରା କେବେ ଛାଇ କୁ ବି ଭେଟେ
କେବେ ଅଙ୍କାବଙ୍କା ପଥ
କେତେ ବାଟୋଇଙ୍କୁ ଭେଟିଛି ଜୀବନେ
ଶୁଣିଛି ବି ମିଛ ସତ ।
କାହାକୁ ବିଶ୍ୱାସ କରିବି କି ନାହିଁ
ହୋଇପଡ଼େ ଅତିବ୍ୟସ୍ତ
ତୋତେରେ ସ୍ମରଇ କାଳିଆ ସାଆନ୍ତ
ଦେଖାଅ ଯେ ସତ ପଥ ।
ଡରିଯାଏ ମୁହିଁ ଅନ୍ଧକାର ଦେଖି
ଦିଶେନି ମୋତେ ଯେ ଦିଗ
ଯୁଆଡ଼େ ଖୋଜଇ ଆଲୋକ ଟିକିଏ
ଦିଶେ ମୋ କଳା ମାଣିକ ।

୨ ଅକ୍ଟୋବର ୨୦୧୮

ଅନ୍ଧକାର ଦେଖି ଡରିନି କାଳିଆ
ଜାଣିଛୁ ତୁ ଦେଖୁ ସବୁ
ଅନ୍ଧାରେ ଯାଏ କି ଆଲୋକରେ ଯାଏ
ତୁ ତ ନିଶ୍ଚେ ଦେଖୁ ଥିବୁ ।
କିଛି ରାସ୍ତା ଚାଲି ସାରିଲିଣି ପ୍ରଭୁ
ଆଉ କିଛି କେତେ ଦୂର
ଖରା ଛାଇ ପାରି ହୋଇଛି ପୁଣି ମୁଁ
ଆଲୋକ ବି ଅନ୍ଧାକାର ।
ଥକି ଗଲାବେଳେ ତୋହରି ଆଶିଷେ
ବହିଛି ଶୀତଳ ବାଆ
ଟିକେ ଖୁସି ହୋଇ ହସିଦିଏ ଯେବେ
ଭେଟେ ପୁଣି ନଦୀ ନାଆ ।

ନଦୀରେ ଦେଖଇ ଶତ ଶତ ସୁଅ
ପାଣି ଅକଳନ୍ତ ପୁଣି
ନଦୀ ତୀରେ ଦେଖେ ଛୋଟ ନାଆଟିଏ
ଡରେ ମନ ହୁଏ ଗୁଣି ।
ସାହାସ ବାନ୍ଧଇ ତୋତେ ମନେ ଚିନ୍ତି
ତୁ ଅଟୁରେ ନାଉରିଆ
ପାରି କରିଦେ ରେ ଜୀବନ ନଦୀ ମୋ
ଆହାରେ ଗଳା ମାଳିଆ ।
ପାରିମୂଲ ତୋତେ ଦେବା ପାଇଁ ପାଶେ
କିଛିରେ କାଳିଆ ନାହିଁ
ତୋ ଚରଣ ସେବା କରି ରେ କାଳିଆ
ଶୁଝିବି ତୋ ଋଣ ମୁହିଁ ।

୩ ଅକ୍ଟୋବର ୨୦୧୮

ତୋ ଚରଣ ସେବା ତୋଠାରେ ଭକତି
ସବୁବେଳେ ଆଗ ହେଉ
ଯେତେ ବ୍ୟସ୍ତ ଥାଏ ସଂସାର ଜଞ୍ଜାଳେ
ତୋ ନାମ ତୁଣ୍ଡରେ ଥାଉ ।

୦୪ ଅକ୍ଟୋବର ୨୦୧୮

ଜୀବନର ନଦୀ ପାର ହୋଇ ଯେବେ
ଯାଏ ଚାଲି କିଛି ଦୂର
ମନ ମୋର ସଦା ଭାଳି ହେଉଥାଏ
ତୁମରି କରୁଣା ଧାରା ।
ମାନପଡ଼େ ନଦୀ ଉଛୁଳା ତରଙ୍ଗ
ଚଉଦିଗ ଅନ୍ଧକାର
ସେ ସମୟେ ଭୟ ପାର କରିଥିବା
ମୋର ସେ କଳାସୁନ୍ଦର ।

ଯୋଡ଼ହସ୍ତ ହୋଇ   ମୋ ମନ କହଇ
    ତୁମେ ଥିଲେ ମୋ ପାଶରେ
କାହିଁକି କେମିତି   ଡରିପଡ଼େ ମୁହିଁ
    ଥାଇ ତୁମରି ଆଶରେ ।

୦୫ ଅକ୍ଟୋବର ୨୦୧୮

ଅଜଣା ପଥର   ପଥିକ ମୁଁ ଜଣେ
    ବିଶ୍ୱାସ ଏକା ମୋ ବଳ
ତୁ ମୋର ବିଶ୍ୱାସ   ତୁହି ମୋର ଆଶା
    ନାହିଁ ମୋର ଥଳକୂଳ ।
କେତେ ଚାଲିଲିଣି   କେତେ ଅଛି ବାକି
    ଜଣାରେ କାଳିଆ ତୋତେ
ନୂଆ ବାଟୋଇ ମୁଁ   ଭେଟିଛି ଅନେକ
    ଆଉ ବି ଭେଟିବି କେତେ ।
ଯାହାକୁ ଭେଟିଛି   ପାଇଛି କିଛି ମୁଁ
    ନୂଆ ନୂଆ ଅନୁଭୂତି
କିଛି ପଥିକ ବି   ଅତି ଅନ୍ତରଙ୍ଗ
    ସାଇତିଛି ତାଙ୍କ ସ୍ମୃତି ।
କିଛି ପଥେ ବନ୍ଧୁ   ହୋଇ ବି ମୋହର
    ଦେଇଛନ୍ତି ଦୁଃଖ ମୋତେ
ହେଲେ ମନ କହେ   ଯାହା ବି ଘଟୁଛି
    ସବୁ ତୋହର ଆୟତେ ।
ଯାହା ବି ହୋଇଛି   ଯାହା ବି ହେଉଛି
    ଯାହାବି ହୋଇବ ଆଗ
କରି କରାଉଛୁ   ଯାହା ବି କରିବୁ
    ସମର୍ପିଛି ତୋର ପାଦେ ।

୬ ଅକ୍ଟୋବର ୨୦୧୮

ଅଜଣା ପଥରେ ଅନେକ ପଥିକ
କିଏ ଆସେ କିଏ ଯାଏ
କିଏ ବା ହସି କଥା ପଦେ କହେ
କିଏ ମୁହଁ କୁନ ଚାହେଁ ।
ପଥ ତ ଆଗକୁ ଅଛି କେତେଦୂର
ଆସିଲିଣି ଚାଲି କେତେ
କିଏ ସାଥେ ମୋର ଥାଉ କି ନ ଥାଉ
ତୁ ଚାଲୁ କାଳିଆ ସାଥେ ।
ଏନ୍ତୁଡି ଶାଳରୁ ଆଜିଯାଏଁ ମୁହିଁ
ଦେଖିଛି ମୋର ରକତଙ୍କୁ
ସବୁତ ବୋଲନ୍ତି ନିଜର ନିଜର
ସଭିଏଁ ସୁଖ ବେଳକୁ ।
ମାଆ ବାପା ସିନା ଜନମ ଦିଅନ୍ତି
କର୍ମ ତ ଲେଖିଛୁ ତୁହି
ସଖା ସହୋଦର ତୁହିରେ ମୋହର
ନେବୁରେ ବାଟ ଚଲାଇ ।
ନିଜ ପର ବୋଲି ଭାବେନି କାହାକୁ
ଜାଣିଛି କିଏ ନିଜର
ମିଛ ମାୟା ଭରା ସଂସାରଟା ପରା
ନିଜ ମୋ କଳା ଠାକୁର ।

୭ ଅକ୍ଟୋବର ୨୦୧୮

କି ସୁନ୍ଦର ତୋର ମନଲୋଭା ହସ
ଦିବ୍ୟ ତୋ ରୂପ ଶ୍ରୀମୁଖ
ଥରଟିଏ ତୋତେ ଦେଖିଦେଲେ ପରା
ଭୁଲି ଯାଏ ମନୁ ଦୁଃଖ ।

ତୋ ରୂପ ଦେଖଇ   ତୋତେ ଯେ ଭାବଇ
ଭବନାରେ ବଶ ହୁଏ
ସବୁ ସୁଖ ଭୁଲି   ତୋ ରୂପକୁ ଦେଖି
ସେ ରୂପ ଯେ ଶାନ୍ତି ପାଏ ।

୮ ଅକ୍ଟୋବର ୨୦୧୮

ଭାବ ଭାବନାରେ   ଭଲ ପାଇବାରେ
ଭାବରେ ବାନ୍ଧିଛି ତୋତେ
ଭୂତ ଭବିଷ୍ୟତ   ଭବ୍ୟ ଭବିତବ୍ୟ
ଜଣା ନାହିଁ ସବୁ ମୋତେ ।
ଆଶା କି ଭରସା   କାହିଁକି କରିବି
ଭାବରେ ତାହାକି ଥାଏ
ତୋର ମୋର ଭାବ   ତୋତେ ମୋତେ ଜଣା
ସର୍ତ୍ତ କି ସେଥିରେ ରହେ ।
ଯାହା ବି ଅଜାଡି   ଦେବୁ ମୋ ଭାଗ୍ୟରେ
ଖୁସିରେ କରି ଆପଣା
ତୁ ଦେଇଛୁ ଜାଣି   ଗ୍ରହଣ କରିବି
ସବୁ କାଳିଆ କରୁଣା ।

୯ ଅକ୍ଟୋବର ୨୦୧୮

ନିଃଶ୍ୱାସ କୁ ପରା   ବିଶ୍ୱାସ ନ ଥାଏ
ଏବେ ଅଛି ଏବେ ନାହିଁ
କେତେ ଧନୀ ଜ୍ଞାନୀ   କେତେ ସାଧୁ ସନ୍ଥ
ବାହୁଡି ଗଲେଣି କାହିଁ ।
କେହି ରହି ନାହିଁ   ରହିବେ ବି ନାହିଁ
ସମସ୍ତେ ଆସିବେ ଯିବେ,
ଏକାରେ କାଳିଆ   ତୋର ଯଶ ବାନା
ରହିଥିବ ଏହି ଭବେ ।

୧୦ ଅକ୍ଟୋବର ୨୦୧୮

ଭାବ ବିନୋଦିଆ ଭାବର ଠାକୁର
ଭାବେ ତୁହି ଭାବଗ୍ରାହୀ
ଭାବ ବୁଝୁ ତୁହି ଭକ୍ତ ବୁଝୁ ତୁହି
ତୋ ଭାବ ଅଭାବ ନାହିଁ ।

୧୧ ଅକ୍ଟୋବର ୨୦୧୮

ଯେତିକି ଚିନ୍ତଇ ଯେତିକି ଭାବଇ
କାଳିଆ ସୁନାରେ ତୋତେ
ତା ଠାରୁ ବେଶି ଲାଗୁରେ ନିଜର
କଳାମାଣିକ ତୁ ମତେ ।
ଅନ୍ଧାର ଆଲୋକ ଦୁଃଖ ବେଳେ ସୁଖ
ଅନ୍ଧର ଲଉଡି ପରି
ଖୋଜିବା ଆଗରୁ ପାଶେ ଠିଆ ହେଉ
ସଖା ହୋଇ ନେଉ ଧରି ।

୧୨ ଅକ୍ଟୋବର ୨୦୧୮

ମାନ ସନମାନ ଯାହା ଉପାର୍ଜନ
ସବୁ ଯେ ତୁମରି ଦାନ
ନିନ୍ଦା ଅପନିନ୍ଦା ଅଭାବ ଅଖଟେ
କାହିଁ ହୁଏ ଊଣା ମନ ।
ନିମିଷକେ ତୁମେ ରାଜାକୁ ଯେ ରଙ୍କ
ମୁର୍ଖ କୁ କର ପଣ୍ଡିତ
କାହିଁକି ମଣିଷ ଅସମୟ ବେଳେ
ହୁଏ ଯେ ଅତି ଅତିଷ୍ଠ ।
ଏହି ତ ଅଟଇ ତୁମ ଲୀଳା ଖେଳା
ଦୟାମୟ ଜଗନ୍ନାଥ
ସୁଖ ଆସୁ ଅବା ଦୁଃଖ ଆସୁ ଯାହା
ସବୁ ତୁମ ଦାନ ସତ ।

୧୩ ଅକ୍ଟୋବର ୨୦୧୮

ଲୁହ ଧାର ହୋଇ ଝରିପଡେ କେବେ
ଜୀବନେ ଆସିଲେ ଦୁଃଖ
ହସ ଲହରୀଟେ ହୋଇ ବହିଯାଏ
ଆସିଲେ ଟିକିଏ ସୁଖ ।
ଦୁଃଖରେ ହେଉବା ସୁଖେ ଅବା ହେଉ
ଥାଅ ତୁମେ ସଦା ସାଥେ
ମନ ଓ ହୃଦୟ ତୁମକୁ ଝୁରଇ
ସୁଖେ ଦୁଃଖ ଅବିରତେ ।

୧୪ ଅକ୍ଟୋବର ୨୦୧୮

ଯେତିକି ଖୋଜଇ ସୁଖ ଖୁସି ବେଳେ
ସେତିକି ଖେଶଜେ ଦୁଃଖରେ
ଯେମିତି ତୋତେରେ ଚିନ୍ତଇ ଜଂଜାଳେ
ବ୍ୟସ୍ତ ଯନ୍ତ୍ରଣା ବେଳରେ ।
ଯେତିକି ସୁମରେ ତୋତେରେ ଅନ୍ତରେ
ତୋ କରୁଣା ବେଶି ବୁଝେ
କରି କରାଇବା ତୋହରି ହାତରେ
ମନ ମୋ ବୁଝେ ସହଜେ ।

୧୫ ଅକ୍ଟୋବର ୨୦୧୮

ଦିନ କଟିଯାଏ କର୍ତ୍ତବ୍ୟ କର୍ମରେ
ରାତି ଯେବେ ନଇଁ ଆସେ
ଶେଯର ଉପରେ ମଥା ରଖିନେଲେ
ତୋ ଶ୍ରୀମୁଖ ମୋତେ ଦିଶେ ।
ହାତ ଦୁଇ ମୋର ଯୋଡ ହସ୍ତ ହୋଇ
ଚିନ୍ତଇ ନିମିଷେ ତୋତେ

ତୁଣ୍ଡ ମୋର କହେ ଭୁଲ କରିଥିଲେ
କ୍ଷମିବୁ କାଳିଆ ମୋତେ ।

୧୬ ଅକ୍ଟୋବର ୨୦୧୮

କେମିତି କରତା ଅଟୁରେ କାଳିଆ
କରି କରୁଥାଉ ସବୁ
ଭକତର ଗାଳି ଭକତର ନିନ୍ଦା
ଶୁଣି ବି ଭକ୍ତକୁ ଭାବୁ ।
ଭକତ ଡାକରେ ରତ୍ନ ସିଂହାସନୁ
ଓହ୍ଲାଇ ଆସୁରେ ତୁହି
ବଡଦାଣ୍ଡେ ପୁଣି ନନ୍ଦିଘୋଷେ ବିଜେ
ଭକ୍ତଙ୍କୁ ଦେଖିବା ପାଇଁ ।
ବୁଝି ପାରିବି ମୁଁ ତୋର ଲୀଳା ଖେଳା
ଏତେ ଜ୍ଞାନ ମୋର କାହିଁ
ତୁ ମୋତେ ଚାହିଁଥା ଅବା ନ ଚାହିଁଥା
ଚାହିଁ ଥିବି ତୋତେ ରହି ।

୧୭ ଅକ୍ଟୋବର ୨୦୧୮

କାଳିଆରେ ମୋର ତୋହରି କୃପାରେ
ସବୁ କାମ ହେଉଥାଏ
କରି କରୁଥାଉ ତୁହିରେ କାଳିଆ
ନାଁ ମୋର ହେଉଥାଏ ।
କାଳିଆରେ ତୁହି ସାଥେ ଥିଲେ ମୋର
କାହିଁ ? କି ? ଅଭାବ ମୋର
ତୁ ଥିଲେ ସାଙ୍ଗରେ ଜଗମୋହନ ରେ
କିଛି ନାହିଁ ଦରକାର ।

୧୮ ଅକ୍ଟୋବର ୨୦୧୮

ଘରଟି ମୋହର ଛୋଟ ନାଆଟିଏ
ଅଥଳ ସାଗରେ ବାସ
ତୁ ଅଟୁ ନାଉରୀ, ପାଣିକୁ ମୋ ଭୟ
କରିଅଛି ତୋତେ ଆଶ ।
ପାର କରିଦେବୁ ଚାହିଁଲେ ତୁହିରେ
ମାରିଲେ ମାରିବୁ ତୁହି
ତୋ ହାତରେ ହୁଏ ସବୁରେ କାଳିଆ
କରି କରୁଥାଉ ତୁହି ।

୧୯ ଅକ୍ଟୋବର ୨୦୧୮

କି ଅବା ମାଗିବି ତୋତେରେ କଳିଆ
କିବା ନ ମାଗିବା ତୋତେ
ଦାତାର ଇଚ୍ଛାରେ ଦାନ ଯେ ମିଳଇ
ଜାଣିନିକି ମୁହିଁ ସତେ !
ମାଗେ କି ନ ମାଗେ ଫରକ ନ ପଡ଼େ
ଦାତାପଣେ ତୁହି ଦେଉ
ତୋ ଇଚ୍ଛାରେ ଦାନ ତୁ ଜାଣୁ ମୋ ମନ
ମାଗିକି କି ଲାଭ ହେଉ ।

୨୦ ଅକ୍ଟୋବର ୨୦୧୮

ତୋ ଠାରୁ ଅଧିକ ମୋତେ କିଏ ଜାଣେ
କେ ଜାଣେ ମୋହର ସୀମା
ଯେତିକି ଦେଉ ତୁ ମାଳିଆରେ ମୋତେ
ସେ ଯେ ମୋର ପରିସୀମା ।
ଯେତିକି ମୋ ବଳ ପାରିବି ସମ୍ଭାଳି
ସେତିକି ଦେବୁରେ ମୋତେ
ଅଧିକ ଲୋଡ଼ଇ ନାହିଁ ରେ କାଳିଆ
ତୁହି ଥିଲେ ମୋର ସାଥେ ।

୨୧ ଅକ୍ଟୋବର ୨୦୧୮

ଅଧମ ଅକ୍ଷମ ମଣିଷଟେ ହୋଇ
ଦେଖାଏ କ୍ଷମତା ପରା
ଗର୍ବେ ଅନ୍ଧ ହୋଇ ନିଜ ମୂର୍ଖ ପଣେ
ଧରାକୁ ମଣଇ ସରା ।
କେହି ରହି ନାହିଁ ଏ ମର୍ତ୍ତ୍ୟମଣ୍ଡଳେ
ଜନମିଛ ଏଠି ଯିଏ
ଅଜି କେ ବାହୁଡେ ବାହୁଡିବ କାଲି
ଜାଣେବା ଏ ସବୁ କିଏ ।
ତୁମେ ଆଦିଅନ୍ତ ତୁମେ ଏକା ସତ୍ୟ
ତୁମେ ହେ ବିଶ୍ୱବିହାରୀ,
ତୁମେ ଅନ୍ତର୍ଯ୍ୟାମୀ ତୁମେ ସର୍ବ ବ୍ୟାପ୍ତ
ଜଗନ୍ନାଥ ଦୁଃଖହାରି ।

୨୨ ଅକ୍ଟୋବର ୨୦୧୮

ତୋର ମୋର ଭାବ ଅତୁଟ ସମ୍ପର୍କ
ଚିର ଦିନ ପାଇଁ ଥାଉ
କେହି ନ ଥିଲେ ବି ସାଥିରେ ମୋହର
ତୋର ନାମ ତୁଣ୍ଡେ ରହୁ ।

୨୩ ଅକ୍ଟୋବର ୨୦୧୮

ଗାଳି ଯେ ସହଇ ଗର୍ବ ନ ସହଇ
ଏ ମୋର ଜଗତ ନାଥ
ନିନ୍ଦା ଅପନିନ୍ଦା ସହଇ ସବୁସେ
ଦେଉଥିଲେ ତା ଭକତ ।
ଜଗତଯାକର ଏକଇ ଈଶ୍ୱର
ମୋର ସେ କଳା କହ୍ନେଇ
କେବେ ମାଗେ ନାହିଁ ସୁନା ସିଂହାସନ
ହୃଦାସନେ ବସିଥାଇ ।

୨୪ ଅକ୍ଟୋବର ୨୦୧୮

ତୋର ଦରଶନେ ଲୋଡ଼େ ମୋ ନୟନ
ଆନ କିଛି ଲୋଡ଼ାନାହିଁ
ତୋ ସାଥିରେ ଭାବ ଥାଉ ରେ କାଳିଆ
ନଖୋଜେ କାହାକୁ ମୁହିଁ ।
ମୋର ଦୁଇ ହାତ ତୋ ସେବାରେ ଲାଗୁ
ତୋ ସେବା ତୋ ଚିନ୍ତା ସତ୍ୟ
ଅନ୍ୟ ଯାହା କର୍ମ କରେ ରେ କାଳିଆ
ଲାଗଇରେ ସବୁ ବ୍ୟର୍ଥ ।
ନିଜ ନିଜ ବୋଲି କହନ୍ତି ସଭିଏଁ
ସବୁ ପରା ସ୍ୱାର୍ଥ ପାଇଁ
ତୁ ଏକା ନିଜର ଜାଣିଛି କାଳିଆ
ଆପଣା ଏକାରେ ତୁହିଁ ।

୨୫ ଅକ୍ଟୋବର ୨୦୧୮

ସୁଖରେ ଦୁଃଖରେ ଲୁହ ଦୁଇଧାର
ଝରିପଡ଼େ ତୋ ପାଇଁ
କହିପାରେ ନାହିଁ ତୁଣ୍ଡ ତୋ କରୁଣା
ଶବ୍ଦ ମୋତେ ମିଳେ ନାହିଁ ।
ଅଧିକ ତ ଲୋଡ଼ା ସମସ୍ତଙ୍କ ପାଇଁ
ଅଳ୍ପରେ କେ ନୁହେଁ ଖୁସି
ଏକୋଇ କାଳିଆ ଅଳପ ସେବାରେ
ଦେଉରେ ମୂରୁକି ହସି ।
ତୋର ସେବା କରି ଯାଉ ଏ ଜୀବନ
ତୋ ସେବାରେ ଥାଉ ମନ
ତୁ ଏକା ନିଜର ତୋର ସେବା କର୍ମ
ଜୀବନେ ସଞ୍ଚିତ ଧନ ।

୨୬ ଅକ୍ଟୋବର ୨୦୧୮

ଭକତ ଭାବରେ ଜଗନ୍ନାଥ ତ ବାଇଆ
ଭାବଗ୍ରାହୀ ନାମ ତେଣୁ ବହିଛି କାଳିଆ ।
ନା ଦେଖଇ ଜାତି ଗୋତ୍ର ନା ଦେଖଇ ଧନ
ନା ଖୋଜେ ସେ ପାଟ ଲୁଗା ସ୍ୱର୍ଣ୍ଣ ସିଂହାସନ ।
ଟିକିଏ ଭାବ ଭକତି ତା ପାଇଁ ତ ସବୁ
ଭାବେ ଭୁଲିଯାଏ ସିଏ ଜଗତର ପ୍ରଭୁ ।

୨୭ ଅକ୍ଟୋବର ୨୦୧୮

ସଂସାର ଗୋଟିଏ ସ୍ମୃତିରଙ୍ଗମଞ୍ଚ
ଚରିତ୍ରତ ଭିନ୍ନ ଭିନ୍ନ
ନାଟକ କାହାଣୀ ଲେଖଇ କାଳିଆ
ସେ ପରା ଏକ ଅଭିନ୍ନ ।
ଦୁଃଖ ହେଉ ଅବା ସୁଖ ହେଉ ସତେ
ସ୍ମୃତି ପଟେ ଆଙ୍କେ ଚିତ୍ର
ଶେଷ ବେଳ ଯାଏ ସେ ଅଭୁଲା ସ୍ମୃତି
ସମୟର ଚିହ୍ନ ମାତ୍ର ।
ସମୟର ସାଥେ ନିଜର କରମ
ମିଶାଣ ଫେଡ଼ାଣ ହୁଏ
କରମର ଫଳ ହିସାବ ନିକାଶ
ସବୁ ବସି କରୁଥାଏ ।
ସମୟର ଚରିତ୍ର କରମ କଙ୍କାଳ
ବୟସର ସାଥେ ସାଥେ
ଦୁଃଖ ସୁଖ ଲେଖେ ମାନସ ପଟରେ
ଜୀବନର ଚଲାପଥେ ।

୨୮ ଅକ୍ଟୋବର ୨୦୧୮

ବିଶ୍ୱାସ ମିଳଇ ତୁହିଁରେ କାଳିଆ
ତର୍କେ ଥାଉ ବହୁଦୂରେ
ମନରେ ଭିତରେ ରହୁରେ କାଳିଆ
ବାୟୁ ଜଳ ପବନରେ ।
ତୋ ପୁରୀ ଧାମକୁ ନିତି ଯିବାପାଇଁ
କାହିଁରେ ସୌଭାଗ୍ୟ ମୋର
ମହୋଦଧୀ ପାଣି ସିଞ୍ଚି ହେବି ନିତି
କାହିଁବା ସେ ଭାଗ୍ୟ ମୋର ।
ଶୁଣିଛି କାଳିଆ ସାତ ସମୁଦ୍ର ଯେ
ମିଶିଥାନ୍ତି ଏକ ସ୍ଥାନେ
ଯେଉଁଠି ଦେଖଇ ସମୁଦ୍ର କାଳିଆ
ତୋତେ ମୁଁ ଚିନ୍ତଇ ମନେ ।
ସେ ପାଣିକୁ ଟିକେ ସିଞ୍ଚି ମୋ ମୁଣ୍ଡରେ
ହୃଦେ ଭାବେ ଶ୍ରୀପୁରୀକୁ
ତୋର କରୁଣାରୁ କରିନୁରେ ଉଣା
ହାତ ଯୋଡ଼େ ତୋ ଭାବକୁ ।

୨୯ ଅକ୍ଟୋବର ୨୦୧୮

ଜୀବନ ତ ନୁହେଁ ମାନ ଅଭିମାନ
ଗର୍ବ ଅହଙ୍କାର ଘୃଣା
ଏ ସବୁ ଜାଣିବି ଧନ ମାନ ଗର୍ବେ
ମଣିଷ ଅନ୍ଧ ଅଶୁଣା ।
ଧନ ଅଛି ଧନୀ କରେ ଅହଂକାର
ପାରେ କି ଜୀବନ କିଣି
ଧନ ପାରୁଥିଲେ ଜୀବନ କିଣିବା
ବଞ୍ଚିଥାନ୍ତେ ସବୁ ଧନୀ ।

କର୍ତ୍ତବ୍ୟ କରମ ଅଟଇ ଜୀବନ
ଶ୍ରଦ୍ଧା ସ୍ନେହ ସତ୍ ଚିନ୍ତା
ଦୁଃଖ ସୁଖ ସବୁ ସମର୍ପେ ତୁମକୁ
ଆହେ ଜଗତ କରତା ।

୩୦ ଅକ୍ଟୋବର ୨୦୧୮

ଅଭାବୀ ସଂସାର କଥା କହିବିରେ ବୋଲି
ସବୁଦିନ ଦୁଃଖ ନେଇ ଆସିବିରେ ଚାଲି ।
ଏ କଥାକି ମନେ ତୁହି ଭାବିଲୁ କାଳିଆ
ସେ ପାଇଁ କି ଏତେ ସବୁ କରିଛୁରେ ମାୟା ।
କରି ଦେଲୁ ମୋତେ ତୁହି ପରଦେଶୀ ବନ୍ଧୁ
ପାର କରାଇଦେଲୁ ମୋତେ ସାତ ସିନ୍ଧୁ ।
ମନରେ ହୃଦୟେ ରହେ ବନ୍ଧୁତାର ଭାବ
ତୋର ମୋର ସମ୍ପର୍କରେ ଦୂରତା ଅଭାବ ।
ତୋର ରତ୍ନସିଂହାସନେ ନ ପାରିବି ଦେଖି
ତୋର ଶ୍ରୀମନ୍ଦିର ଆଗେ ନ ପାରିବି ଡାକି ।
ମୋର ଛୋଟ କୁଡ଼ିଆରେ ତୋତେ ଥିବି ରଖି
ତୋର ନିତି ଦରଶନ ଲଭିବ ମୋ ଆଖି ।

୩୧ ଅକ୍ଟୋବର ୨୦୧୮

ଜଗବନ୍ଧୁ ଆହେ ଜଗତ କରତା
ବ୍ରହ୍ମାଣ୍ଡର ସୃଷ୍ଟିକର୍ତ୍ତା
ତୁମେ ମାତା ପିତା ତୁମେ ବନ୍ଧୁ ଭ୍ରାତା
ତୁମେ ଦଇବ ବିଧାତା ।
ଜାଣିଛି ଦୁନିଆ କେ ନୁହେଁ କାହାର
ତୁମେ ଯେ ଦୁଃଖ ସୁଖର
ତୁମେ ଥିଲେ ପାଶେ କେହି ଲୋଡ଼ା ନାହିଁ
ନା କେହି ନିଜର ପର ।

✦✦✦

କୈବଲ୍ୟ

ନଭେମ୍ବର ୨୦୧୮

୧ ନଭେମ୍ବର ୨୦୧୮

ଦିବ୍ୟଦ୍ରଷ୍ଟା ହୋଇ ସବୁ ଦେଖ ତୁମେ
ପାପ ପୁଣ୍ୟ ସତ ମିଛ
ବୁଝି ପାରେନି ମୁଁ ଜଗତେ କେମିତି
ଭଲ ଲୋକ ପାଏ କଷ୍ଟ ।
ପୁଣି ମନ କହେ କିଏ ଭଲ ଲୋକ
କିଏ ବା ଅଟେ ଖରାପ
ସବୁତ ତୁମରି ସୃଷ୍ଟି ମହାବାହୁ
ତୁମେ ଏକା ପରିମାପ
ତୁମେ ଜାଣିଥାଅ ଭଲ ମନ୍ଦ କର୍ମ
କିଏ ସତ କିଏ ମିଛ
ମୁହିଁ ତ ଅଜ୍ଞାନ ମୂଢ଼ ମୋର ମନ
ଜାଣେନି ସ୍ୱଚ୍ଛ ଅସ୍ୱଚ୍ଛ ।

୨ ନଭେମ୍ବର ୨୦୧୮

ସୁବର୍ଣ୍ଣ ଯେପରି ଅନଳରେ ଜଳି
ଅଧିକ ଉଜ୍ଜ୍ୱଳ ଦିଶେ
ମଣିଷ ଜୀବନେ ଦୁଃଖ କଷ୍ଟ ସହି
ଧୈର୍ଯ୍ୟ ଲଭେ ନିରବେ ସେ ।
ସତ୍‌ଚିନ୍ତା ସତ୍ ପଥେ ଯେଉଁ ଲୋକେ ଯାନ୍ତି
ଭୋଗନ୍ତି ଅନେକ କ୍ଲେଶ
ହେଲେ ତୋ କରୁଣା ଲଭିବାର ଶାନ୍ତି
ପାଇ ହୁଅନ୍ତି ହରସ ।

୩ ନଭେମ୍ବର ୨୦୧୮

ନାହିଁ ପାଶେ ଧନ ନା କେହି ଆପଣା
ନାହିଁ ବି ଶକତି ମୋର
ନାହିଁ ଜ୍ଞାନ ବଳ ନାହିଁ ଜନ ବଳ
ତୁ ଏକା ମୋର ସମ୍ବଳ ।

ମିତ୍ରତା ତୋ ସାଥେ   କରିଛି କାଳିଆ
ବଳ ମୋର ଲୋଡ଼ା ନାହିଁ
ତୁ ଥିଲେ କାଳିଆ   ଧନ ଜନ ବଳ
ଲୋଡ଼ିବି ଅବା ମୁଁ କାହିଁ ।

୪ ନଭେମ୍ବର ୨୦୧୮

ଚିରିଦିଗେ ଯେବେ   ଅନ୍ଧକାର ଦିଶେ
ହୋଇଯାଏ ବାଟବଣା
କି କରିବି ବୋଲି   ଅନ୍ଧ ହୋଇ ବଶେ
ତୋତେ କି ତାହା ଅଜଣା ।
ଅନ୍ଧାର ଭିତରେ   ଆଶା ଆଲୋକଟେ
ଦେଖିପାରେ ମୁଁ କାଳିଆ
ସେ ପରା ତୋହର   ଦୁଇ ଦିବ୍ୟ ଆଖି
ଦିଶେ ମୋତେ ଚକା ଡୋଳା ।

୫ ନଭେମ୍ବର ୨୦୧୮

ଦରଦୀ ବନ୍ଧୁ ତୁ   ଆହାରେ କାଳିଆ
ହୃଦୟ ଦରିଆ ପରି
ଏମିତି ନିଜର   କେ ଆଉ ଅଛିରେ
ଯେ ହେବ ତୋ ସାଥେ ସରି ।
ମନ ଦିଏ ଯିଏ   ତୋତେରେ କାଳିଆ
ନିଜର ତୁ ହୋଇଯାଉ
ଦାନୀପଣେ ତୋର   ସବୁ ଦେଇଥାଉ
ଭାବେ ଭକତର ହେଉ ।

୬ ନଭେମ୍ବର ୨୦୧୮

ଜଗନ୍ନାଥ ଆହେ   ହେ କଳା ସାଆନ୍ତ
ଘେନ ମୋ କୋଟି ପ୍ରଣତି
ତୁମେ ନିଜେ ରଥ   ତୁମେ ନିଜେ ରଥୀ
ତୁମେ ତ ଅଟ ସାରଥୀ ।

ଏ ଜୀବନ ତୁମ ଦାନ ମହାପ୍ରଭୁ
ଚଳାଅ ଜୀବନ ପଥେ
ତୁମରି ହାତରେ ଏ ଜୀବନ ରଥ
ଗଡ଼ି ଚାଲୁ ଅବିରତେ ।

୭ ନଭେମ୍ବର ୨୦୧୮

ଚନ୍ଦନର ବାସ ମଳୟ ପରଶେ
ସବୁସିତ ହୋଇଥାଏ
ତୁମକୁ ନ ପାଇ ଯେତେ ଯା ପାଇଲେ
ଜୀବନେ କି ଶାନ୍ତି ଥାଏ ।
ଧନ ଜନ ମାନ ପ୍ରତିଭା ପ୍ରତିଷ୍ଠା
ଯେତେଥାଉ ଯା ପାଖରେ
ତୁମରି କରୁଣା ତୁମରି ଭାବନା
ଲୋଡ଼ାହୁଏ ନିରନ୍ତରେ ।

୮ ନଭେମ୍ବର ୨୦୧୮

ସମସ୍ତେ କହନ୍ତି ନିଜେ ଠିକ୍ ବୋଲି
ଏ ଜଗତେ ମହାବାହୁ
ମନ ଭାବେ ମୋର ମଣିଷ ତ ଛାର
ତୋ ଛଡା ଠିକ୍ କେ ଆଉ ।
ତୋ ବିଚାର ଏକା ସାର ରେ କାଳିଆ
ତୁ ଜାଣୁ ଏକା ହିସାବ
ଠିକ୍ ଅବା କିଏ ଭୁଲ୍ ଏଠି କିଏ
ତୁ ସିନା ଦେଉ ଜବାବ ।

୯ ନଭେମ୍ବର ୨୦୧୮

ଦୁଃଖ ବେଳେ ମନ ହୋଇଲେ ଅଧିର
ମନେ ପଡ଼େ ନିଜ ଲୋକ
ତୁ ଏକା କାଳିଆ ଆଖି ଆଗେ ନାଚୁ
ଦେଖାଯାଏ ତୋ ଶ୍ରୀମୁଖ ।

ନିଜ ବୋଲି ମୋର   ତୁ ଏକା କାଳିଆ
କେବଳ ତୁହି ଯେ ଦିଶୁ
ତୁହି ମାତା ପିତା   ତୁହି ବନ୍ଧୁ ସଖା
ସେ ପାଇଁ ହୃଦୟେ ବସୁ ।

୧୦ ନଭେମ୍ବର ୨୦୧୮

ମୁଁ ଯାହା ଭାବଇ   ମୁଁ ଯାହା ଚିନ୍ତଇ
ମୋ ଆଗରୁ ଜାଣ ତୁମେ ।
ମୁଁ ଯାହା କରଇ   ମୁଁ ଯାହା କହଇ
ଜାଣ ମହାବାହୁ ତୁମେ ।
ମୁଁ ତ ଅଟେ ଛାର   ମଣିଷ ମାତର
ଛୋଟ ଚିନ୍ତା ଛୋଟ ବୁଦ୍ଧି
ଅବାଟରୁ ବାଟେ   ଅନ୍ଧାରୁ ଆଲୋକେ
ଯିବାକୁ ଦିଅ ସଦ୍‌ବୁଦ୍ଧି ।
ଦିବ୍ୟ ଆଶୀର୍ବାଦ   ଅଜାଡ଼ି ଦିଅ ହେ
ତୁମ ମହାବାହୁ ଟେକି
ଏ ବିଶ୍ୱ ସଂସାରେ   ଜନ ମାନସରେ
ସୁଖ ଶାନ୍ତି ଦିଅ ଲେଖି ।

୧୧ ନଭେମ୍ବର ୨୦୧୮

ମଣିମା ମଣିମା   ତୁମରି ବାଢଣ
ଚାରିଆଡ଼େ ଜଗତରେ
ଜଗତ ଜନତ   ଗୁହାରି କରନ୍ତି
ସର୍ବଦା ତୁମ ପୟରେ ।
ସୁଖ ଶାନ୍ତି ଭରି   ଦିଅ ମହାବାହୁ
ଦେଖାଅ ଆଲୋକ ପଥ
ଅସତ୍ୟରୁ ସତ୍ୟ   ଅନ୍ଧାରୁ ଆଲୋକେ
ଦେଖାଅ ଆମକୁ ପଥ ।

୧୨ ନଭେମ୍ବର ୨୦୧୮

ଯେତିକି ଦେଇଛ ମୋତେ ଲୋଡ଼ାରୁ ଯେ ଅଧିକ,
ମହାବାହୁ ଯେ ଖାଲି ଅଜାଡ଼ିଛ ଅନେକ ।
ଧନ ସମ୍ପଦ ଲୋଡ଼ା ନାହିଁ ଅଧିକ ପ୍ରଭୁ
ଯାହା ମୋ ପାଇଁ ଲୋଡ଼ା ଦେଇଛ ତୁମେ ସବୁ ।
ଜୀବନ ଥିବାଯାଏ ତୁଣ୍ଡେ ମଧୁର କଥା
ଗୁରୁଜନଙ୍କ ଆଗେ ନଇଁ ଥାଉ ମୋ ମଥା ।
କେବେ ନ କହୁ ତୁଣ୍ଡ ମିଛ ଚାତର ବାଣୀ
ତୁମରି ନାମ ମନେ ହେଉଥାଏ ମୁଁ ଗୁଣୀ ।
କୁକଥା ନ କୁହେ ମୁଁ ନ ଦିଏ ଦୁଃଖ ମନେ
ସମଭାବ ସଭିଙ୍କୁ ଦେଖାଏ ସର୍ବ ଜନେ ।

୧୩ ନଭେମ୍ବର ୨୦୧୮

କି ବା ମାଗିବି ତୋତେ ନ ଜାଣୁ ଅବା ତୁହି
ନ ଜଣା ଅବା ତୋତେ ସଖା ମାନିଛି ମୁହିଁ ।
ସଖା ତ ମନ ଜାଣେ ସଖା ବି ମନ କିଣେ
ସଖା ତ ମନ କଥା ଦେବା ନେବା ରହିଲେ
ସେ ଭାବ କିବା ରୁହେ ଅଧିକ ଦିନ ଭଲେ ।
ଜୀବନ ଯିବା ଯାଏ ଏମିତି ଭାବ ରହୁ
ତୋର ସାଥିରେ ମୋର ଏ ଭାବ ରହି ଥାଉ ।

୧୪ ନଭେମ୍ବର ୨୦୧୮

ତୁମେ ତ ଅନ୍ତର୍ଯାମୀ ଅନ୍ତର ବୁଝିପାର
ଦୁଃଖ ଯନ୍ତ୍ରଣା ବେଳେ କାହିଁକି ହୁଅ ଦୂର ।
ଆଖି ମୋ ଖୋଜୁଥାଏ ତୁମ ଶ୍ରୀମୁଖ ପ୍ରଭୁ
ଯେ ଥିଲେ ପାଶେ ମୋର ଯାହା ଥିଲେ ବି ସବୁ
ଲୋତକ ନୟନରେ ଅଧୀର ହୃଦୟରେ
ଏକାକୀ ହୋଇ ମୁହିଁ ତୁମକୁ ଆଶ୍ରାକରେ ।

ଅନାଥ ପରି ଲାଗେ ସଂସାର ସଙ୍ଗେ ଥାଇ
ଭାବେ ତୁମକୁ ପ୍ରଭୁ ଯାହା ବି ଦିଅ ଭରି
ଶେଷ ଜୀବନେ ଦେଖା ଥରୁଟେ ଦେବ ହରି ।

୧୫ ନଭେମ୍ବର ୨୦୧୮

କିଏ ଡାକେ ତୋତେ କାଳିଆ ସାଆନ୍ତ
କିଏ କହେ ଜଗନ୍ନାଥ
କେ ଡାକେ ମଣିମା ଗୁଣିମା ଶୁଣିମା
ଆହେ ଅନାଦି ଅନନ୍ତ ।
କିଏ କହେ ପୁଣି ଅନାଥର ନାଥ
କିଏ କହେ ବନ୍ଧୁ ସଖା
ସବୁରି ହୃଦୟେ ବସି ଅଛୁ ତୁହି
ଖୋଜିଲେ ଦେଉ ତୁ ଦେଖା ।

୧୬ ନଭେମ୍ବର ୨୦୧୮

ତୁ ଏକା କାଳିଆ ସଭିଙ୍କର ସଖା
ସଭିଙ୍କ ଦୁଃଖ ସୁଖରେ
ତୁହି ଏକା ସାହା ଆପଦେ ବିପଦେ
ସୁଖ ବା ସମ୍ପଦ ବେଳେ
ଆସ୍ତିକ ନାସ୍ତିକ ସାଧୁ ବା ଅସାଧୁ
ସଭିଙ୍କର ସାହା ତୁହି
ଜଗତରେ ଜାତ ଯେତେ ଜୀବଜନ୍ତୁ
ସଭିଙ୍କୁ ଗଢ଼ିଛୁ ତୁହି ।

୧୭ ନଭେମ୍ବର ୨୦୧୮

ତୋର ଦରବାରେ ତୋହରି ବିଚାରେ
ନ ଥାଏ ଛନ୍ଦ କପଟ
ସୁଜନ ଦୁର୍ଜନ ମିଛ ଆଉ ସତ
ସବୁ କରିଥାଉ ସ୍ପଷ୍ଟ ।

ସତ୍ୟର ତ ଜୟ   ଯୁଗେ ଯୁଗେ ହୁଏ
ଅସତ୍ୟ ନିଶ୍ଚେ ହାରଇ,
ସତ୍ୟତାର ଫଳ   ସୁସ୍ୱାଦୁ ସର୍ବଦା
ପାଇବାରେ ଡେରି ଥାଇ ।
ଶ୍ରୀଫଳ ଟି ପରି   ସତଟି ଅଟଇ
ଶେଷେ ମିଳେ ମିଠାଜଳ
ମିଠାଜଳ ପାଶେ   ପହଞ୍ଚିବା ପାଇଁ
ସତେ କି ପଥ ସରଳ ?

୧୮ ନଭେମ୍ବର ୨୦୧୮

କେତେ ଗାଳି ନିନ୍ଦା   ଭକତଙ୍କ କଥା
ସବୁ ହସି ଶୁଣୁଥାଇ
ମୁଁ ଛାର ମଣିଷ   ନିଜ ସଂସାରର
କଥା ସହିପାରେ ନାହିଁ ।
ସବୁ ଦେଖୁଥାଉ   ସବୁ ଶୁଣୁଥାଉ
କେବେ କହୁନାହୁଁ କିଛି
ତୋର ସେ କହିବା   ଶକତି କାଳିଆ
ଦେ ମୋର ଦେହରେ ସିଞ୍ଚି ।

୧୯ ନଭେମ୍ବର ୨୦୧୮

ହରି ହରି ବୋଲି   ବାଜଇ ବଜଣା
ସାରା ଜଗତରେ ତୋର
ହରି ନେ ରେ ଜଗା   ଜଗତର ଦୁଃଖ
ଶୋକ କ୍ରୋଧ ବ୍ୟଭିଚାର ।
କେହି ନ ଶୋଉ ରେ   ଜଗତ ଜାକର
ଖାଲି ପେଟେ ସଂସାରରେ
ସାରା ଜଗତରେ   ଯେତେ ଜୀବଛନ୍ତି
ସର୍ବେ ରୁହନ୍ତୁ ଶାନ୍ତିରେ ।

ତୋର ଶୁଭାଶିଷ ଓଜାଡ଼ି ଦେଏରେ
ଶାନ୍ତିମୟ ହେଉ ବିଶ୍ୱ
ତୋର ଆର୍ଶୀବାଦେ ପୁଲକିତ ହେଉ
ଖେଳୁ ସର୍ବ ମୁଖେ ହସ ।

୨୦ ନଭେମ୍ବର ୨୦୧୮
(ପବିତ୍ର କାର୍ତ୍ତିକ ମାସ ଶୁକ୍ଳପକ୍ଷ ଦ୍ୱାଦଶୀରେ ଶ୍ରୀ ଜଗନ୍ନାଥଙ୍କ ବାଙ୍କଚୂଡ଼ା ବେଶ)

କାର୍ତ୍ତିକ ମାସର ଶୁକଳ ପକ୍ଷ ଦ୍ୱାଦଶୀ ଦିନ
ଶ୍ରୀଜଗନ୍ନାଥଙ୍କୁ ଶ୍ରୀକ୍ଷେତ୍ରେ ଯାଇ କର ଦର୍ଶନ ।
ମନୋହର ବେଶେ କହ୍ନେଇ କିଣେ ଜନମାନସ
ମନଲୋଭା ଜଗନ୍ନାଥଙ୍କ ସେ ବାଙ୍କଚୂଡା ବେଶ ।
କଥାଟି ଅଟଇ ଦ୍ୱାପର ଯୁଗେ କଂସ ଆଜ୍ଞାରେ
ଝଟତି ଅଇଲେ ଅକୃର ପୁଣି ଯେ ଗୋପପୁରେ ।
କଂସରାଜାଙ୍କର ଆଦେଶେ କୃଷ୍ଣଙ୍କୁ ନେବା ପାଇଁ
ସଙ୍ଗତରେ ନେଇ କହ୍ନେଇ ମଥୁରା ଯିବା ପାଇଁ ।
ଗେପପୁରେ ଆସି ଅକ୍ରୁର ଯେବେ ପହଞ୍ଚି ଥିଲେ
ବାଙ୍କଚୂଡା ବେଶେ ପ୍ରଥମେ କୃଷ୍ଣଙ୍କୁ ଯେ ଦେଖିଲେ ।
ସେ କଥା କଥିତ ପାଇଁ ଯେ ପ୍ରଭୁ ଶ୍ରୀଜଗନ୍ନାଥ
ବାଙ୍କଚୂଡ଼ା ବେଶେ ପଞ୍ଚୁକେ ହୋଇଥାନ୍ତି ସଜ୍ଜିତ ।
ଶ୍ରୀ ମସ୍ତକେ ଚୁଳ ଚନ୍ଦ୍ରିକା ଦକ୍ଷିଣ ଆଡ଼େ ଖୋସା
ଖୋସାର ଯେ ଅଗ୍ର ଗଣ୍ଠିରେ ସୁବର୍ଣ୍ଣ କିଆ ଖଞ୍ଜା ।
କପାଳର ଶୀର୍ଷ ଭାଗରେ ସ୍ୱର୍ଣ୍ଣ କୀରିଟି ଶୋଭା
ଶଙ୍ଖ ଚକ୍ର ଥାଏ ହସ୍ତରେ ସତେ କି ମନଲୋଭା ।
କିଏ କହେ ଯେ ନାରାୟଣ ଜଗନ୍ନାଥ କେଶବେ
ଦାମୋଦର କୃଷ୍ଣ ଶ୍ରୀହରି ଜାନକୀଙ୍କ ବଲ୍ଲଭ ।

୨୧ ନଭେମ୍ବର ୨୦୧୮

ଦୂର ହେଲି ବୋଲି   ପର କି ହୋଇବି
କାଳିଆ ତୋ ଠାରୁ କହ
ମନରେ ରହିଲେ   ଦୂର ବା ସମୀପ
ରହିଛି ତୋ ଠାରେ ମୋହ ।
ଅହୋ ଭାଗ୍ୟ ମୋର   ତୋ ପ୍ରସାଦ ମୋତେ
ମିଳିଲାରେ ପଞ୍ଝୁକରେ
ସବୁତ ଭରିଛୁ   ମୋ ପାଇଁ କାଳିଆ
ସୁଖ ତ ତୋର ଭାବରେ ।
ତୋର ମୋର ଭାବ   ତୁ ଜାଣୁ ମୁଁ ଜାଣେ
ଅଜଣା ତ ଜଗତକୁ
ସଂସାରକୁ ସିନା   ଲାଗଇ ମିଛରେ
ସତ ଜଣା ମୋ ଜଗାକୁ ।

୨୨ ନଭେମ୍ବର ୨୦୧୮

ଖୁଆ ଦଉଡ଼ିରେ   ପାରିଲେନି ବାନ୍ଧି
କଳାମାଣିକକୁ ସିନା
ଯଶୋଦା ବାନ୍ଧିଲେ   କାନି ପଣତରେ
ପାରିଲୁନି କରି ମନା ।
ଶରଧାରେ ବାନ୍ଧି   ରଖିଲେ ତୋତେରେ
ଏକୋଇ ନନ୍ଦର ବଳା
ତୋତେ ନ ଦେଖିଲେ ଅନ୍ଧ ହୋଇଯାନ୍ତି
ଏକି ଭାବ ଚକାଡ଼ୋଳା ।
ଗୋପୀ ଯେ ବାନ୍ଧିଲେ ପ୍ରେମ କଣତରେ
କରିଲୁରେ ଗୋପଲୀଳା
ଭୁଲିଗଲେ ଗୋପୀ   ନିଜର ଠିକଣା
ଲଗାଇଲୁ ପ୍ରେମକଳା ।

ମନରେ ବାନ୍ଧିଲେ ମୀରା ରାଧା ପୁଣି
ପାଗଳୀ ହେଲେ ତୋ ପାଇଁ
ସେ ଭାବ ସେ ରଙ୍ଗେ ରଙ୍ଗେଇ ଦେ ମୋତେ
ଚାହିଁଥିବି ତୋତେ ରହି ।

୨୩ ନଭେମ୍ବର ୨୦୧୮

କାର୍ତ୍ତିକ ମାସ ପଞ୍ଚକରେ ଶ୍ରୀଜଗନ୍ନାଥଙ୍କ ପାଞ୍ଚ ବେଶ

ବାର ମାସେ ତେର ପରବ ପଡଇ ଏତ ଜଗନ୍ନାଥ ଦେଶ
ସବୁ ପରବରେ ସବୁ ଓଷା ବାରେ କାଳିଆର ନୂଆ ବେଶ ।
କାର୍ତ୍ତିକ ମାସଟି ମାସ ମଧ୍ୟେ ଶ୍ରେଷ୍ଠ ପଞ୍ଚୁକ ଏ ମାସେ ସାର
ପାଞ୍ଚ ବେଶ ପାଞ୍ଚ ଦିନେ କାଳିଆର ଆହା କି ଦିବ୍ୟ ସୁନ୍ଦର ।
ପଞ୍ଚକ ପ୍ରଥମ ଅଟେ ଏକାଦଶୀ ଲକ୍ଷ୍ମୀ ନାରାୟଣ ବେଶେ
ରତ୍ନ ସିହାସନେ ସୁସଜ୍ଜିତ ଦେଖ କାଳିଆଯେ ଦିବ୍ୟବେଶେ ।
ଦ୍ୱାଦଶୀରେ ବାଙ୍କ ଚୂଡାବେଶେ ଜଗା ଖୋସାରେ ଯେ ସ୍ୱର୍ଣ୍ଣ କିଆ
ତ୍ରୟୋଦଶୀ ଦିନ ଦିବ୍ୟରୂପ ତାର ବେଶ ତାର ଆଡକିଆ ।
ଚତୁର୍ଦ୍ଦଶୀ ଦିନେ ଆର ଏକ ବେଶ ଲକ୍ଷ୍ମୀ-ନରସିଂହ ବେଶେ
ପୂର୍ଣ୍ଣମୀ ରେ ବିଜେ ରତ୍ନ ସିଂହାସନେ ରାଜା ରାଜେଶ୍ୱରୀ ବେଶେ ।

୨୪ ନଭେମ୍ବର ୨୦୧୮

ଜନମ ମରଣ ମଝିରେ ଜୀବନ ଜୀବନ ନିଃଶ୍ୱାସଟିଏ
ତାକୁ ତ ବିଶ୍ୱାସ ନାହିଁରେ କାଳିଆ କେବେ ଛାଡି ଯିବ ସିଏ ।
ଜୀବନ ଟି ଧନ୍ୟ ତୋ ନାମେ କାଳିଆ ସବୁ ତ ଅଢ଼େଇ ଦିନ
ତୋ ସେବା ଅର୍ଜନ ତୁଣ୍ଡେ ତୋର ନାମ ଏକା ମୋ ଅର୍ଜିତ ଧନ ।

୨୫ ନଭେମ୍ବର ୨୦୧୮

ସକାଳ ଆରମ୍ଭ ତୋ ନାମେ କାଳିଆ ତୋ ନାମ ନିଦ୍ରା କାଳରେ
ଦୁଃଖ ସୁଖ ଯାହା ଆସେ ପ୍ରତିଦିନ ସବୁ ତ ତୋ ଆଶିଷରେ ।
ଯେତେ ଅବସାଦ ଥିଲେ ମୋ ମନରେ ତୋ କଥା ଯେମିତି ଭାବେ
ଜାଣିନି କାଳିଆ କେମିତି କେଜାଣି ମନଟି ଲାଘବ ଲାଗେ ।

ଏକି ତୋର ଦୟା ଅବା ତୋର ମାୟା ବୁଝି ମୁଁ ପାରଇ ନାହିଁ
ମନ ଓ ଅନ୍ତର କହେ ତୋର କଥା ତୋ ଦୟା ଅଛିରେ ରହି ।

୨୬ ନଭେମ୍ବର ୨୦୧୮

ତୋ ଦୟା ନ ହେଲେ ପତ୍ର ବି ହଲେନି ତୋ ବିନା ହୁଏନି କିଛି
ମୁଁ ଛାର ମଣିଷ କି କରି ପାରିବି ତୋ ଦୟା ନ ଦେଲେ ସିଞ୍ଚି ।
ତୋ କରୁଣା ବିନ୍ଦୁ ନ ବର୍ଷିଲା ଯାଏ ଯେତେ ଯାହା ଚେଷ୍ଟା କଲେ
ଯେତେ ଶକ୍ତି ବଳ ଲଗାଏ କାମରେ ସଫଳ ହୁଏ କି ଭଲେ ।

୨୭ ନଭେମ୍ବର ୨୦୧୮

ତୁମ ଆଶ୍ରିତ ହେବା ପରେ ଆନନ୍ଦ ହିଁ ଆନନ୍ଦ ।
ନା ଭୟ ଅଛି, ନା ଅଛି ଆଶଙ୍କା, ନା ଦୁଃଖ, ନା ଶୋକ
ଏକା ହିଁ ସୁଖ ତୁମ ପଦାରବିନ୍ଦ ।

୨୮ ନଭେମ୍ବର ୨୦୧୮

କେମିତି ସୃଜନ ପ୍ରଭୁ ହେ ତୁମରି ବୁଝିବା ତ ଭାରି କଷ୍ଟ
କା ଘରେ ଭରିଛଅନେକ ସମ୍ପତ୍ତି ସନ୍ତାନ ପାଇଁ ସନ୍ତପ୍ତ ।
କା ଘର ପୁରିଛି ଜନ କୋଳାହଳେ କୁଟୁମ୍ବ ଅଟେ ଅନେକ
ସୁଖ ଅଛି ସେଠି, ଦାନାର ଅଭାବେ ସହେ ପରିବାର ଭୋକ ।

୨୯ ନଭେମ୍ବର ୨୦୧୮

ଚେଷ୍ଟା କରି କରି ଭାଙ୍ଗିପଡ଼େ ମୁହିଁ ପାରେ ନାହିଁ ଯେବେ କରି
ମନ କହେ ମୋର ପରିଶ୍ରମ ଅବା ଦେଖି ନ ପାରିଲେ ହରି ।
ଲୁହ ଦୁଇଧାର ଝରିପଡ଼େ ମୋର ଯୋଡ଼ ହସ୍ତେ ତୋତେ ଚାହେଁ
ଯାହା ବି କରୁ ତୁ ମୋର ଭଲ ପାଇଁ ମନ ଯେ ଏ କଥା କହେ ।

୩୦ ନଭେମ୍ବର ୨୦୧୮

ତୋ ଅବଢ଼ା ମୋତେ ନ ମିଳେ ଜଗାରେ ନିର୍ମାଲ୍ୟ ପାଏ ମୁଁ ନିତି
ନ ଯାଇ ପାରଇ ତୋର ଶ୍ରୀକ୍ଷେତ୍ରକୁ ପୂଜେ ତୋତେ ମନେ ଚିନ୍ତି ।
ଭାବ ଭାବନାରେ ଅନ୍ୟମନସ୍କତା ଯେତେ ଥାଉରେ କାଳିଆ
ତୋ ନାମ ମୋ ତୁଣ୍ଡ ନ ଭୁଲୁରେ କେବେ ଏତିକି କରିବୁ ଦୟା ।

ସମର୍ପଣ
ଡିସେମ୍ବର ୨୦୧୮

୧ ଡିସେମ୍ବର ୨୦୧୮

କାହା ଘରେ ଲୋକ ଚାହିଁ ବସିଥାନ୍ତି ଜନମିବ ଶିଶୁଟିଏ
କାହା ଘରୁ ପୁଣି ବୟସ୍କ ଲୋକଟି ବାହୁଡ଼ି ଅଦିନେ ଯାଏ ।
କହରେ କାଳିଆ କେମିତି ବିଚାର କେମିତିକା ସନ୍ତୁଳନ
ଜଗତ ଚଳାଉ ବିନା ହାତ ଗୋଡ଼େ କେ କରିବ ଆକଳନ ।

୨ ଡିସେମ୍ବର ୨୦୧୮

କେବେ କେବେ ମନେ ପ୍ରଶ୍ନବାଚୀ ମୋର କେବେ ଯଦି ତୁ ମିଳନ୍ତୁ,
ମନ କଥା ମୋର ସତରେ କାଳିଆ ଯଦି କେବେ ପଚାରନ୍ତୁ ।
ଜଗତର କଥା ସଂସାରର କଥା ସବୁ ତୋତେ ପଚାରନ୍ତି
ସତ୍ୟକୁ ମିଳଇ ଦୁଃଖ ଏଠି କାହିଁ ଅସତ୍ୟ କୁ ସୁଖଶାନ୍ତି ।
ଗରିବଙ୍କୁ ଦୁଃଖ ଧନିକୁ ଯେ ଧନ କାହିଁକି ମିଳେ ଅଧିକ
ଯେ ଯାହା ଖୋଜଇ ତାକୁ ମିଳେ ନାହିଁ ଅଖୋଜା ଲଭଇ ସୁଖ ।

୩ ଡିସେମ୍ବର ୨୦୧୮

ତୋର ବଡ଼ଦାଣ୍ଡ ତୋ ବଡ଼ ଦେଉଳ ତୋ ବଡ଼ପଣ ଦେଖି
ଏ ମନ ହୃଦୟ ହୁଅଇ ପବିତ୍ର ଦେଖି ତୋର ଚକାଆଖି ।

୪ ଡିସେମ୍ବର ୨୦୧୮

ଜଗତର ନାଥ ବୋଲାଉ ସେ ପାଇଁ ନାହିଁ ବୋଲି ଜାତି ଧର୍ମ
ସେଥି ଲାଗି ସିନା ବଡ଼ ତୁ ବୋଲାଉ ଦୁନିଆ କରଇ ପ୍ରେମ ।
ଚକାଆଖି ବୋଲି ସଭିଏଁ ଡାକନ୍ତି ତୋ ଗୁମର ଜଣା ନାହିଁ
ବଡ଼ ସାନ ଅବା ଉଚ୍ଚ ନୀଚ ପରା ସେ ଆଖି ଦେଖଇ ନାହିଁ ।
ତୋ ଚକା ଆଖିରେ ସଭିଏଁ ସମାନ ଦେଖୁ ଯେ ସମଭାବରେ
ଭାବର ଠାକୁର ଭାବ ଭକତିରେ ନିଜର ହୋଇଯାଉରେ ।

୫ ଡିସେମ୍ବର ୨୦୧୮

କେତେ ହନ୍ତସନ୍ତ କରୁରେ କାଳିଆ ହସୁ ମୋର ଦୁଃଖ ଦେଖି
ମୋର କଲବଲ ଦେଖି ସତେ ତୁହି ହେଉ ଅଛୁ ଅବା ସୁଖି ।
ସବୁ ତୋର ଦାନ ବୋଲିରେ କାଳିଆ ଆପଣାଏ ଦୁଃଖ ସୁଖ
ଓଠେ ହସ ହେଉ ଆଖି ଲୁହେ ହେଉ ଚାହିଁଥାଏ ତୋ ଶ୍ରୀମୁଖ ।

୬ ଡିସେମ୍ବର ୨୦୧୮

ଷାଠିଏ ପଉଟି ଲକ୍ଷ୍ମୀଙ୍କ ରାନ୍ଧଣା ତୋ ପାଇଁ ଯେ ବଢ଼ାହୁଏ
ଖିରି ପୋଡ଼ପିଠା, ରାବିଡ଼ି ଖିରୀସା ତୋର ପାଇଁ ସଜା ହୁଏ ।
ନିର୍ମାଲ୍ୟ କଣିକା ମୋ ପାଇଁ କାଳିଆ ଅମୃତ ସମାନ ପରା
ଟଙ୍କ ତୋରାଣୀରୁ ମୁନ୍ଦିଏ ମିଳିଲେ ଶୋଷ ମେଣ୍ଟିଯାଏ ପରା ।

୭ ଡିସେମ୍ବର ୨୦୧୮

ଜୀବନର ନାମ ଯନ୍ତ୍ରଣା ବୋଲିତ ଶୁଣିଛି ମୁଁ ପିଲାଦିନୁ
ଯନ୍ତ୍ରଣା ଭିତରେ ତୋ ନାମ ଚିନ୍ତିବା ଭୁଲି ନାହିଁ କେବେ ମନୁ ।
ତୋ ନାମ କାଳିଆ ଶୀତଳ ବାହା ଯେ ଝାଞ୍ଜି ଖରା ଯନ୍ତ୍ରଣାରେ
କଷ୍ଟ ଭିତରେ ବି ଆଣିଦିଏ ସୁଖ ତୋ ନାମ ଥିଲେ ତୁଣ୍ଡରେ ।

୮ ଡିସେମ୍ବର ୨୦୧୮

ପ୍ରଭୁ ନ ହୋଇ ବି ପ୍ରଭୁତ୍ୱ ଦେଖାନ୍ତି ଜଗତେ ଜଗତ ଜନ
ସାରା ଜଗତର ପ୍ରଭୁ ହୋଇ ତୁହି ରହୁ ଯେ ସଦା ମଉନ ।
ଗାରିମା ଦେଖାନ୍ତି ନିଜ ପଦବୀରେ ଧରାକୁ ମଣନ୍ତି ସରା
ଭୁଲିଯାନ୍ତି ପୁଣି ଆସନରେ ବସି ସବୁ ଦେଖୁ ତୁହି ପରା ।

୯ ଡିସେମ୍ବର ୨୦୧୮

କଥାରେ ଚାତୁରି ନେଇ ବାହାଦୁରୀ କାମେ ଚୋରପଣ କରି
ବିରାଡି ପରି ସେ ଖିରି ପିଉଥାନ୍ତି ଦେଖାନ୍ତି ଯେ ହୁସିଆରି ।
କିଏ ଅବା ଦେଖୁ କିଏ ବା ନ ଦେଖୁ ସବୁ ଦେଖେ ଚକାଆଖି
ସାରା ଦୁନିଆ ବି ଆଖି ବୁଜିଥିଲେ କାଳିଆ ଯେ ଥାଏ ସାକ୍ଷୀ ।
ପଲକ ପଡ଼େନି କାଳିଆ ଆଖିରେ ଦେଖୁଥାଏ ସେହି ସବୁ
ଠକିବ ନିଜକୁ ଅବା ଦୁନିଆକୁ କେ ଠକିବ କାଳିଆକୁ ।

୧୦ ଡିସେମ୍ବର ୨୦୧୮

ନିଜ ଭାଷା ପୁଣି ଯାହାକୁ ଅଜଣା ସେ ବୋଲାଏ ଷଡଦର୍ଶୀ
ନିଜର ପାଣ୍ଡିତ୍ୟ କହି ବୁଲିଥାନ୍ତି ଗୁରୁଜନେ ପୁଣି ହସି ।
ଗୁରୁ ଗୁରୁଜନେ ଆଦର ସତ୍କାର ଭୁଲି ଭକ୍ତି ସନମାନ
ନିଜେ ହିଁ ବିଦ୍ୱାନ ବୋଲାଇ ବସନ୍ତି ଦେଖାନ୍ତି ନିଜର ଜ୍ଞାନ ।

ଆଜି ଯିଏ ଅଛି　　କାଲିକୁ ନ ଥିବ　　ତୁଚ୍ଛ ପରା ଏ ମଣିଷ
ଏକା ସେ କାଳିଆ　　ତାର ଦରବାର　　ସଭିଙ୍କୁ କରେ ସେ ବସ ।
ଧନ ମାନ ଆଉ　　ପଦ ବା ଆସନ　　ସବୁ ଅଟେ କ୍ଷଣସ୍ଥାୟୀ
ଏକା ସେ କାଳିଆ　　ଦୁନିଆରେ ସ୍ଥିତ　　ଦିନ ଯାଉ ତାକୁ ଧ୍ୟାୟୀ ।

୧୧ ଡିସେମ୍ବର ୨୦୧୮

କି ଦିନ କି ରାତି　　ଭଜେ ତୋତେ ନିତି　　ତୋତେ ମୁହିଁ ଭାବୁଥାଇ
ନିଜ ବୋଲି ତୁହି　　ଦୁଃଖ ସୁଖ ମୋର　　ନିତି ବଖାଣି ବସଇ ।
ସୁଖ ଅବା ଦୁଃଖ　　କହିଦେଲେ ତୋତେ　　ଚିନ୍ତା ଦୂର ମୋର ହୁଏ
କରି କରାଉ ତୁ　　ଜାଣିଛି କାଳିଆ　　ଲୁଚାଇ କି ଲାଭ ହୁଏ ।

୧୨ ଡିସେମ୍ବର ୨୦୧୮

ତୁ ସିନା ବସିଛୁ　　ରତ୍ନ ସିଂହାସନେ　　ମହାବାହୁ ତୋର ଖୋଲି
ଏତେ ଦୂରେ ଥାଇ　　ଯାଇ ପାରେ ନାହିଁ　　ଶ୍ରୀମନ୍ଦିର ତୋର ଚାଲି ।
ରତ୍ନ ସିଂହାସନୁ　　ଓହ୍ଲାଇ କାଳିଆ　　ଆ ମୋ ଘରକୁ ଥରେ
ଦେଖିବୁ କେମିତି　　ସଜାଇଛି ତୋତେ　　ମୋର ଛୋଟ କୁଡିଆରେ ।
ଛପନ ଭୋଗ ମୁଁ　　ପାରେନାହିଁ ଦେଇ　　ଯାହା ରାନ୍ଧେ ମୋର ଘରେ
ଖାଇବା ଆଗରୁ　　ଅରପି ଦିଏ ମୁଁ　　ମିଳେ ଯାହା ତୋ ଦୟାରେ ।

୧୩ ଡିସେମ୍ବର ୨୦୧୮

କୋଟି ବ୍ରହ୍ମାଣ୍ଡର　　କରତା ଯେ ତୁମେ　　ତୁମ ଗଢ଼ା ଏ ସଂସାର
ନିଜ ଅହଂକାରେ　　ଦେଖାଇ ବଡ଼ିମା　　ମଣିଷ ସାଜେ ଈଶ୍ୱର ।
ବଡ଼ ବଡ଼ କଥା　　ମିଛ ଓ ଚାତର　　ବାଣୀ କହି ଯେ ତୁଣ୍ଡରେ
ନିଜେ ଶ୍ରେଷ୍ଠ ଆଉ　　ଅନ୍ୟକୁ ଯେ ଛୋଟ　　କହି ବୋଲେ ଦୁନିଆରେ ।
ତୁମେ ଆଦି ଅନ୍ତ　　ତୁମେ ପରବ୍ରହ୍ମ　　ତୁମେ ଅଟ ଅଦ୍ୱିତୀୟ
ଏକହି ଈଶ୍ୱର　　ତୁମେ ଦୁନିଆରେ　　ତୁମ ପାଦେ ରହୁ ଲୟ ।

୧୪ ଡିସେମ୍ବର ୨୦୧୮

ଯାହା କରୁ ତୁହି　　ମୋର ଭଲ ପାଇଁ　　ମୁଁ ଯେ ବୁଝି ପାରେନାହିଁ
ବୁଝିବାକୁ ମୋତେ　　ସମୟ ଲାଗଇ　　ଛାର ମଣିଷଟେ ମୁହିଁ ।

ଯାହା ବି ହୋଇଛି ଯାହାବି ହେଉଛି ଯାହା ଆଗକୁ ହୋଇବ
ସବୁ ତୋର ହାତେ ଲିଖିତ କାଳିଆ ସବୁ ଭଲ ପାଇଁ ଥିବ ।
ଯାହାବି ଘଟିଛି ଅତୀତରେ ମୋର ବୁଝେ ଆଜି ଚକାଡୋଳା
ସବୁ ଭଲ ପାଇଁ ଘଟିତ ଯେ ଥିଲା କ୍ଷମାଦେବୁ ନନ୍ଦବଳା ।

୧୫ ଡିସେମ୍ବର ୨୦୧୮

ତୁମ ହାତ ଗଢ଼ା ଜଗତ ତୁମେ ଜଗତ କର୍ତ୍ତା
ମୁଁ ଯେ ଶୂନ୍ୟ ଆହେ ମଣିମା ଜାଣେ ତୁମ ପୂର୍ଣ୍ଣତା ।
ଧରମ କରମ ଏ ସବୁ ଜଣା ମୋତେ ଯେ ନାହିଁ
ଯାହା କହେ ଯାହା କରେ ମୁଁ ତୁମ ପାଦେ ଅର୍ପଇ ।

୧୬ ଡିସେମ୍ବର ୨୦୧୮

ଛଅ ଖଣ୍ଡ କାଠେ ସବାରି ଯେବେ ହୋଇବ ପ୍ରଭୁ
କିବା ରକ୍ତ କିବା ସଂସାର ପର ହୋଇବେ ସବୁ ।
ମୋର ଧର୍ମ କର୍ମ ମୋ ସାଥେ ଏକା ହେବ ଯେ ସାଥୀ
ତୋର ନାମ ତୋର ଆଶିଷ ଏକା ହେବ ସମ୍ପତ୍ତି ।
ମୋର ବୋଲି ଏକା ତୋ ନାମ ମୋର ଅର୍ଜିତ କର୍ମ
ସେହି ଏକା ସାଥେ ଯିବ ଯେ ଯାହା ଥିବ ମୋ ଧର୍ମ ।

୧୭ ଡିସେମ୍ବର ୨୦୧୮

ଜୀବନ ତ ଏଠି ହାହାକାର ଲାଗେ ସବୁଆଡ଼େ ଲୋଭ ହିଂସା
ସମସ୍ତେତ ଏଠି ପାଇବାର ପଛେ ସବୁତ ଲାଗେ ନିରାଶା ।
ଏକା ତୋର ପାଦେ ମିଳଇ ଯେ ଶାନ୍ତି ଆହା ମୋ କାଳିଆ ସୁନା
ସ୍ୱାର୍ଥପର ଏଠି ସବୁ ନିଜ ଲୋକ ମିଳେ ଅନେକ ଯାତନା ।

୧୮ ଡିସେମ୍ବର ୨୦୧୮

ଥକି ଗଲିଣି ମୁଁ ଜୀବନ ଯୁଦ୍ଧରେ ଧାଇଁ ଧାଇଁ ଅବିରତ
ତଥାପି ଅବଧି ଆଉ କେତେ ଅଛି ଚାଲିବି ଜୀବନେ ବାଟ ।
ଯାହା ଲୋଡ଼ାଥିଲା ଖୋଜୁଥିଲି ଯାହା ମିଳିଲାନି ଆଜିଯାଏ
ଲୋଡ଼ାତ ଏତିକି ସ୍ନେହ ଶାନ୍ତି ଟିକେ ଛଡ଼ାଇ ନେଲାକି କିଏ ।

ଦେଇଥିଲେ ସତେ ଭୁଲିଯିବି କାଲେ ପୂଜିବାକୁ ତୋର ପାଦ
ସେ ପାଇଁ ତୁହିରେ କାଳିଆ ସେତିକି କରିଛୁ ଏମିତି ବାଦ ।

୧୯ ଡିସେମ୍ବର ୨୦୧୮

ଦୁଇ ରୂପ ଏଠି ସବୁ ମଣିଷର ଭିତର ବାହାର ଭିନ୍ନ
ଅନ୍ତରେ କାନ୍ଦଇ ଅବିରତ ସେତ ଦେଖାଏ ଅଛି ପ୍ରସନ୍ନ ।
କହି ପାରେ ନାହିଁ ସହି ବି ପାରେନି ଅନ୍ତର ଯାତନା ତାର
ତୁ ପରା କାଳିଆ ଅନ୍ତର୍ଯ୍ୟାମୀ ପ୍ରଭୁ ଶୁଣିବି ହେଉ ବଧିର ।
ତୋ ଆଗରେ ପରା ଲୁଚେନିରେ କିଛି ଚିହ୍ନ ଜାଣୁ ସର୍ବ ମନ
ବୁଝି ପାରେ ନାହିଁ ପ୍ରଭୁ ହୋଇ ପୁଣି କେମିତି ରହୁ ମଉନ ।

୨୦ ଡିସେମ୍ବର ୨୦୧୮

ଆଜନ୍ମ ଏ ଯାଏ ଦେଖିଲି ସଭିଙ୍କି ସବୁ ବୋଲାନ୍ତି ନିଜର
ନିଜର ଶବ୍ଦଟି ସ୍ୱାର୍ଥ ସାଥେ ବନ୍ଧା ଏ ସତ୍ୟ ଅତି କଠୋର ।
ରକତ ବୋଲାନ୍ତି ନିଜର ବୋଲିବି ତାଙ୍କ ମତେ ସହମତେ
ସହମତ ଯଦି ନ ହେଲ କଥାରେ ଚିହ୍ନନ୍ତି ନାହିଁ ରକତେ ।
ନିଜର ସଂସାର ନିଜ ପରିବାର କାମଥିଲେ ଖୋଜୁଥାନ୍ତ
ତାଙ୍କ ଲୋଭ ସ୍ୱାର୍ଥେ ପୁରା ନ ହୋଇଲେ ସେ ବି ପର କରିଦ୍ୟନ୍ତି ।
ରକତେ ତ୍ୟେଜନ୍ତି ରକ୍ତେ ବନ୍ଧାହୋଇ ଭିନ୍ନ ମତ ହେଲେ ଭାଇ
ସତ୍ୟ ଆପଣାଇ ବିଭୀଷଣ ପୁଣି ଅନେକ କଷ୍ଟ ଯେ ସହି ।
ଘର ପରିବାର ସଂସାର ବିଚାର କେମିତି ହେବେ ନିଜର
ସ୍ୱାର୍ଥ ନ ରହିଲେ ନିଜ ରକ୍ତ ଯଦି କରନ୍ତି ନିଜକୁ ପର ।
ରକତେ ବି ଗଲେ ସଂସାର ବି ଗଲେ କାହାକୁ କହିବି ନିଜ
ଆଖିବୁଜି ଯେବେ ଭାବେ କେ ନିଜର ତୁମେ ପ୍ରଭୁ ଏକା ଦିଶ ।
ଦୁଃଖରେ ସୁଖରେ ଆପଦେ ବିପଦେ ତୁମେ ତ ମୋହର ସାହା
ଆପଣାର ବୋଲି ତୁମେ ମହାପ୍ରଭୁ ତୁମ ବିନା ନାହିଁ ରାହା ।

୨୧ ଡସେମ୍ବର ୨୦୧୮

ତୁମେ ତ ଶକତି ତୁମେ ହିଁ ସମ୍ପତ୍ତି ତୁମେ ତ ମୁକତି କାରଣ
ସବୁ ଥାଇ ଯଦି ତୁମକୁ ନ ପାଏ ଏ ଜୀବନ ଅକାରଣ ।

ତୁମେ ତ ସଂକଳ୍ପ   ତୁମେତ ବିକଳ୍ପ   ତୁମେ ଆଦି ତୁମେ ଅନ୍ତ
ତୁମକୁ ନ ପାଇ   ଯାହା ବି ପାଇଲେ   ଜୀବନ ଟା ହନ୍ତ ସନ୍ତ ।
ସୁଖ ତୁମ ନାମେ   ତୁମ ନାମେ ଶାନ୍ତି   ତୁମେ ମୋ ଆଲୋକ ପଥ
ତୁମେ ପ୍ରଭୁ ଅଟ   ଅଗତିର ଗତି   ଭାବଗ୍ରାହୀ ଜଗନ୍ନାଥ ।

୨୨ ଡସେମ୍ବର ୨୦୧୮

ସବୁ ଅମଙ୍ଗଳେ   ମୋର ରେ କାଳିଆ   ତୋ ନାମ ସର୍ବମଙ୍ଗଳ
ଝାଞ୍ଜି ଖରା ଏହି   ଜୀବନରେ ମୋର   ତୁ ଅଟୁ ଶୀତଳ ଜଳ ।
ତୋ ନାମେ ମିଳଇ   ଅବାଟରେ ବାଟ   ତୁ ଦେଖାଉ ଯେ ସୁପଥ
ଆଜୀବନ ତୋର   ନାମ ତୁଣ୍ଡେ ଥାଉ   ଏହି ଅଳି ଜଗନ୍ନାଥ ।

୨୩ ଡିସେମ୍ବର ୨୦୧୮

ଦୟାମୟ ହରି   ଦୟାର ବାରିଧି   ବିଶ୍ୱରୂପ ଦାରୁବ୍ରହ୍ମ
ଅଧାଗଢ଼ା ବୋଲି   ଜଗତ ବୋଲଇ   ତୁମେ ଅଟ ପୂର୍ଣ୍ଣବ୍ରହ୍ମ ।
ଜଗତ ବି ଶୂନ୍ୟ   ଭକତ ବି ଶୂନ୍ୟ   ତୁମରି ଆଶିଷ ବିନା
ଝରୁଥାଉ ତୁମ   କରୁଣା ସାଗର   ଏତିକି ମାତ୍ର କାମନା ।

୨୪ ଡିସେମ୍ବର ୨୦୧୮

ବେଙ୍ଗ କହେ ବେଙ୍ଗୁଲିଲୋ   ପୃଥ୍ୱୀ କ୍ଷଣ କ୍ଷଣକେ ଆନ
କି ଅବା ସତେ ଅଜଣା   ମଣିଷକୁ ଏହି ଜ୍ଞାନ ।
ଜମି ଜମା ଭାଗ ପାଇଁ   ଧନ ନେଇ ଶତ୍ରୁ ଭାଇ
ଜୀବନ ପାଣି ଫୋଟକା   ଏଇ ଅଛି ଏଇ ନାହିଁ ।
ଆଜି ଅଛି ଧନ ମାନ   ଜନ ଅବା ସନମାନ
ଆଜି ତୋର କାଲି ମୋର   ଧନ ନେଇ କି ଚାତର ।
ତୋହରି ପାଦେ ଶରଣ   ତୋହରି ନାମର ଗାନ
ତୋର ଶ୍ରୀମୁଖ ଦର୍ଶନେ   ଯାଉ ମୋର ଏ ଜୀବନ ।

୨୫ ଡସେମ୍ବର ୨୦୧୮
(କାଲ୍ପେ, ସ୍ପେନ୍ ମଧ୍ୟୋପସାଗର ନିକଟରେ)

ତୋର ମହୋଦଧି   କରୁଣା ବାରିଧି   ଲମ୍ବି ଅଛି ଏ ଧାରାରେ
ଯେଉଁଠି ଛୁଏଁ ତୋ   ସାଗରର ଜଳ   ଝୁରେ ତୋତେ ଭାବନାରେ ।

ସେ ସାଗର ଜଳ ମସ୍ତକେ ଲଗାଏ ଦେହେ ମୋର ସିଞ୍ଚି ଦିଏ
ଏ ସାଗର ପାଣି ପୁରୀ ସମୁଦ୍ରକୁ ଛୁଇଁଥିବ ମନ କହେ ।
ସେ ସମୁଦ୍ର ଜଳେ ତୋ ଚନ୍ଦନ ବାସ ନିଶ୍ଚେ କାଳିଆ ଥିବରେ
ସେ ବାସରେ ଟିକେ ମୋ ମନର ଭାବ ପହଞ୍ଚିବ ତୋ ପାଖରେ ।

୨୬ ଡିସେମ୍ବର ୨୦୧୮

ତୋ ପାଖେ ସିନା ରେ ସହସ୍ର ଭକତ ମୋ ପାଇଁ ତୁ ପ୍ରଭୁ ଏକା
ଯେତେ ଯିଏ ଥିଲେ ମୋ ପାଖରେ ହରି ଦୁଃଖ ତୁମେ ଏକା ସଖା ।
ରତ୍ନ ସିଂହାସନେ ଦେଖିବକୁ ତୋତେ ପାରେନି କାଳିଆ ଯାଇ
ମହୋଦଧି ତୀରେ ପାରେନି ସିନା ମୁଁ ବାଲିବ୍ରହ୍ମ ଗଢ଼ି ଦେଇ ।
ତୋର ସୃଷ୍ଟି ପରା ଏ ବିଶ୍ୱ ଅଟଇ ସାଗର ମହାସାଗର
ତୋର ଭାବେ ବନ୍ଧା ହାତ ମୋ ଆଙ୍କିଛି ବାଲିରେ ଶ୍ରୀମୁଖ ତୋର ।
ତୋର ମୋର ଭାବ କ୍ଷୀର ନୀର ପରି ତୋ ହାତରେ ବନ୍ଧା ମୁହିଁ
ଦୂର କରିଦେଲେ ପର କି ହୋଇବି ଦୂରେ ରହି ଝୁରୁ ଥାଇ ।

୨୭ ଡିସେମ୍ବର ୨୦୧୮

ଆଶା ତ ଗୋଟିଏ ଅପହଞ୍ଚ ରାସ୍ତା ପହଞ୍ଚିବା ବଡ଼ କଷ୍ଟ
ନ ମିଳିବା ଯାଏ ଖୋଜିବାରେ ବ୍ୟସ୍ତ ମିଳିଲେ ନ ଥାଏ ସ୍ୱାଦ ।
ଆଉ ଟିକେ ବଢ଼େ ଆଶା ନଈ ଧାର ଧାଇଁବାରେ ବିତେ ଦିନ
ସରେନି କେବେ ତା ପଛରେ ଧାଇଁବା ଏ ତ ଅସମ୍ପୂର୍ଣ୍ଣ ମନ ।
ଯେତିକି ଦେଇଛୁ ମହାବାହୁ ଖୋଲି ସେତିକିରେ ମିଳୁ ଶାନ୍ତି
ମୋ ଆଶା ନଈଟି ତୋ ପାଦରେ ଶେଷ ଏତିକି କରେ ମିନତି ।

୨୮ ଡିସେମ୍ବର ୨୦୧୮

ତୋର ବଡ଼ପଣ ତୋର ବଡ଼ଦାଣ୍ଡ ବଡ଼ ତୋର ଯେ କରୁଣା
ନିଜ ବଡ଼ ପଣ ଦେଖାଇ ମଣିଷ ହୁଏ ସିନା ବାଟବଣା ।
ପାଇଗଲା ପରେ ଖୋଜିବା ଜିନିଷ କହେ ମୁହିଁ କରିଅଛି
ନମିଳିଲା ବେଳେ ତୋର ନାମ ଇେ ତୋତେ ଯେ ଦୋଷୀ କରିଛି ।
କରି କରୁଥାଉ ସବୁ ଭଲ ପାଇଁ ଯାହା ବି ଘଟେ ଜୀବନେ
ଶକତି ତ ତୁହି ମୁକତି ତ ତୁହି ଏକା ତୁହି ଦାତାପଣେ ।

୨୯ ଡିସେମ୍ବର ୨୦୧୮

ମଣିଷ ଜୀବନେ ଠିକ୍ ଭୁଲ ର ତ ହିସାବ କରିବା କଷ୍ଟ
ଭୁଲ୍ କରିଥିଲେ କ୍ଷମା ଦେଇ ପ୍ରଭୁ ଦେଖାଇବ ସତ୍ ପଥ ।
କାହାମନେ କେବେ ଆଜାଣତେ ଯଦି କରିଥାଏ ମୁଁ ଆଘାତ
ନିଜ ଭୁଲ ପାଇଁ କ୍ଷମା ମାଗିବାକୁ ମନରେ ଦେବ ସାହାସ ।
କରୁଣାର ଧାର ଦୟାର ସାଗର କଢ଼ାଇ ନିଅ ହେ ବାଟ
ଜୀବନ ନଈ ମୋ ତୁମ ଆଦେଶରେ ବହିଚାଲୁ ଜଗନ୍ନାଥ ।

୩୦ ଡିସେମ୍ବର ୨୦୧୮

ନିଃଶ୍ୱାସକୁ ଯଦି ବିଶ୍ୱାସ ନଥାଏ କି ଅଛି ଧନର ମାନେ
ସୁଖ ସମ୍ପତ୍ତିର କି ଅବା ଠିକଣା କି ଅବା ଉଚ୍ଚ ଆସନେ ।
ଧନ କିଣେ ସିନା ସୁଖ ଜୀବନରେ କିଣି ପାରେ ନାହିଁ ଶାନ୍ତି
ଯେତେ ଯାହା ଥିଲେ ତୋର ଚିନ୍ତା ବିନା କାହିଁ କାଳିଆ ମୁକତି ।

୩୧ ଡିସେମ୍ବର ୨୦୧୮

ଦିନ ମାସ ବର୍ଷ ଗଡ଼ି ଗଡ଼ି ଯାଏ ଦୁଃଖ ସୁଖ ନେଇ ସାଥେ
କେ ଆସେ ଜୀବନେ କେ ଦୂରେଇ ଯାଏ କେ ମିଳେ ଯେ ଚଲାପଥେ ।
କେତେ ହରାଇଛି କେତେ ବା ପାଇଛି ସବୁ ତ ତୋତେ ହିଁ ଜଣା
କେବେ ବହିଯାଏ ଲୁହ ଦୁଇଧାର କରେ ମନ କେବେ ଊଣା ।
ଯାହା ହରାଇଛି ତାହା ମୋର ବୋଲି କେବେ ତ ନ ଥିଲା ହୋଇ
ଯାହା ଅଛି ପାଶେ ତୋର ପରସାଦେ ତାହା କି ନିଜର କହି ।
ସମୟର ସାଥେ ସବୁ ତ ବଦଳେ ମନ ଧନ ଯଉବନ
ଏକା ତୋର ସାଥେ ସମ୍ପର୍କ କାଳିଆ ନ ହେଉ ପରିବର୍ତ୍ତନ ।
ସବୁ ଥିଲେ ଥାଉ ସବୁ ଗଲେ ଯାଉ ନ ହେଉ ଚିନ୍ତା କାରଣ
ତୋହରି କରୁଣା ନ କରିବୁ ଊଣା ତୋହରି ପାଦେ ଶରଣ ।

✦✦✦

www.ingramcontent.com/pod-product-compliance
Lightning Source LLC
Chambersburg PA
CBHW071456070526
44578CB00001B/362